日本の名城

監修　五味文彦
（東京大学名誉教授）

山川出版社

四国の城

九州・沖縄の城

城はなぜ人の眼をひくのか

五味文彦
東京大学名誉教授

熊本城馬具櫓（撮影／中田真澄）

はじめに

城郭への関心は、近年、特に目覚ましいものがある。各地では観光の目玉、地域おこしの核として、城郭の復元や整備が行われている。城郭の修理では、ここ数年の復元整備を見ても、二〇一四年には熊本城馬具櫓および続櫓が完成し、一五年には姫路城天守に平成の大修理があり、一七年には名古屋城の本丸御殿の復元が完成する予定で、そのほか十数の都市で城の復元計画が進行している。

また世界遺産に登録された姫路城に続けと、多くの自治体が我が町の城を世界遺産にしたいと名乗りをあげたことも記憶に新しい。こうした城への関心は古くからあって、廃城になっていた城を再現して復興の手がかりにしたいという熱意に基づいて、多くの城を復元ないし再現する試みがなされてきた。それもあって天守閣や城郭の博物館では、必ずといってよいほどに日本の各地の名城の写真が掲げられている。

いっぽうで城が多く築かれた戦国時代への関心に基づいて、城郭を歴史学的に明らかにしようという機運が広がり、文献調査や考古学的発掘、さらに縄張研究が進み、中世城郭の全国的調査や近世城郭の実態調

平成の大修理が行われた姫路城（姫路市役所提供）

査が行われるようになり、多くの城郭が史跡や重要文化財に指定され保存活用されるようになった。

そこで本企画は、全国に現存する城の建物・石垣・堀などの中から、見ごたえのある遺構や、復元整備が行われた城を厳選してその見どころを紹介し、城のもつ伝統的な美しさや技術が一目で分かるような写真を選別し掲載した。城によっては古写真と対比させて構成することを心がけた。

城はなぜ人の眼をひくのであろうか。人によっては天守閣に魅せられ、櫓や門の形状に興味を覚え、石垣の美しさに感動し、堀の形態に風情を感じ、縄張の巧妙さに胸を打たれるなど、様々な関心や思いがあろう。しかし城が最も大きな意味や意義を持つのは、地域の人々に愛されているか、どうかである。

城への愛着

私の経験を話そう。私が育ったのは山梨県甲府市の甲府城のすぐ近くで、城は舞鶴城とよばれていた。この「お城」は、幼いころの遊び場だった。春は花見、夏は虫捕りに、そして秋は花火大会、時にサーカスもやってきた。夏ともなれば、城の地図を描いてどう回れば効率的に虫捕りができる

甲府城空撮（山梨県埋蔵文化財センター提供）

か夢中になり、石垣を登っていて危ないと注意されたこともある。

さらに秋には、少し歩いて戦国武田氏の館（躑躅ヶ崎館）を経て要害山城に登り、夏休みには親戚の家の近くの新府城に行った。それぞれ地域の人々に親しまれ草刈が行われていたが、武田氏館跡ではドングリを拾い、新府城跡では焼米が出ると言われて探したものである。

こうした愛着の大きい城を本書で選ぶこととするが、問題は、多くの近世城郭跡には県庁や学校、神社などが建てられており、また記念碑なども多く、城郭としての文化財的価値を損なっている場合がある点である。こうした施設は本来的には移転が望ましいのだが、それが城と一体になって愛着を生んでいることを考えると、すぐに移転するのも難しいのが現実である。ただ景観を損なっている建物などは今後、対応してゆく必要があろう。

そこでまずは天守が現存する十二の城郭をあげた。最近、その来歴が古いことが証明されて国宝に指定された松江城の天守に始まり、天守台の石垣整備のために曳き移されて話題になった弘前城の天守までを掲げた。天守には城主の特別な思いが込められており、織豊政権期には大名たちがこぞって天守を設けた。

天守は城主や家臣の思いだけでなく、城下や周辺の人々によって仰ぎ見られるという意味で、地域の統合という性格をもち、重要な意義を有する。しかしこの天守は火事や地震により破壊の憂き目にあい、時の流れとともに破却されて今に現存しないものも多い。織田信長の安土城、徳川家康の江戸城などはその例である。

各地の城郭

続いて、北から都道府県別に見てゆくこととし、各県には必ず一つは入れるものとした。

ただ古代の山城である大野城（福岡県）や鞠智城（熊本県）、対馬の金田城（長崎県）、瀬戸内海沿岸の鬼ノ城（岡山県）を始め、東北地方の多賀城（宮城県）や志波城（岩手県）・厨川柵（岩手県）などの古代国家に関わる城柵は除いた。

中世には武士が拠点とする城郭が築かれ、鎌倉初期の三浦氏の衣笠城（神奈川県）、佐竹氏の花園城（茨城県）、南北朝期に楠正成が拠った千早城・赤坂城（大阪府）などは文献でよく知られているのだが、選んでいない。

すなわち戦国時代以降、地域を統合する意味から城が築かれてゆくようになった

竹田城遠望（朝来市役所提供）

段階の城を基本的に対象としたのである。とはいえ紙幅の関係もあって、著名にもかかわらず割愛せざるを得なかった城は多い。たとえば北海道の道南十二館のうちの志苔館（函館市）や勝山館（上ノ国町）、沖縄のグスクのうちの中城城、勝連城、座喜味城などである。

県のなかには一つだけの場合もあれば、いくつもある場合もある。多いのは長野県が六つで一番多く、五つが滋賀県、兵庫県、大分県、四つが静岡県、愛知県、三重県、愛媛県という分布になる。長野・兵庫・愛媛・大分は県の面積が大きく、滋賀・愛知・三重・静岡は東海道の要衝であったことによる。

名城の条件

城の特徴から名城を拾ってみよう。中世には山城が多く、次第に小高い丘陵部に城が築かれ、やがて平場に築かれるようになってゆき、前者を平山城、後者を平城という。

山城では岩村城（岐阜県）、春日山城（新潟県）、竹田城（兵庫県）、月山富田城（島根県）、備中松山城（岡山県）、岡城（大分県）、今帰仁城（沖縄県）が注目される。中でも竹田城は朝方、雲海に包まれたそ

津山城空撮
（津山弥生の里文化財センター提供）

福山城伏見櫓（撮影／竹重満憲）

の姿はまさに天空の城と称賛される絶景の美を誇っている。備中松山城や福井県の越前大野城も竹田城と同じく天空の城として注目されている。

平山城では盛岡城（岩手県）、小田原城（神奈川県）、金沢城（石川県）、犬山城（愛知県）、和歌山城（和歌山県）、姫路城（兵庫県）、津山城（岡山県）、丸亀城（香川県）、高知城（高知県）、首里城（沖縄県）が代表的で、他の多くの城は平城であるが、そのうち江戸城や名古屋城、大坂城、広島城、福岡城、熊本城はその規模の大きさが評価される。

立地条件から見てゆくと、山々を背景にした山城に対して、海や河、濠にそって美しさを際立てるのが水城である。四国の高松城（香川県）、徳島城（徳島県）、今治城（愛媛県）、宇和島城（愛媛県）、大分県の府内城・臼杵城・中津城・杵築城などはその代表的存在である。

建物では本丸に連なって建てられた櫓や門が城の特徴を物語ることが多く、弘前城の北門、江戸城の平川門、金沢城の石川門、名古屋城の西北隅櫓と東南隅櫓、彦根城の天秤櫓、大坂城の大手門・千貫櫓、姫路城の菱の門・西の丸渡り櫓群、岡山城の月見櫓、福山城の伏見櫓、高松城の艮櫓、松山城の乾櫓・隠れ門、高知城の詰め門・廊下門、熊本城の宇土櫓がよく知られている。

本企画では、現況の城の伝統的な美しさと往時を懐古できる写真を収集したが、読者には文化財として、伝統文化の継承としての城を感じ取っていただければ幸いである。なかにはこれらの城はすべて見たという方もきっといるだろうが、実は私はこのうち七つほどには行っていない。近くまで行ったのに山城のために足腰に自信がなくて敬遠し、あるいは足を伸ばそうとしたが時間がなくてという理由、とても残念でならない。それではとっくりご覧になってください。

姫路城

撮影／松井久

大入母屋が威圧する漆黒の天守

国宝 松江城天守

創建：慶長十六年（1611）頃
所在地：島根県松江市
形式：望楼型天守／四重五階、地下一階

撮影／松井久

多様な破風に彩られた国宝天守

国宝

彦根城天守

創建：慶長十一年（1606）
所在地：滋賀県彦根市
形式：望楼型天守／三重三階、地下一階

撮影／中田真澄

現存最古の五重天守

国宝 松本城天守

創建：慶長十年（1605）
所在地：長野県松本市
形式：層塔型天守／五重六階

撮影／石田多加幸

木曽川に臨む白帝城の三重天守

国宝 犬山城天守

創建：慶長六年（1601）
所在地：愛知県犬山市
形式：望楼型天守／三重四階、地下二階

撮影／福井県庁

現存最古級の石瓦の二重天守

重文 丸岡城天守

創建：慶長十八年（1613）頃
所在地：福井県坂井市
形式：望楼型天守／二重三階

撮影／竹重満憲

宇和海を睥睨する三重天守

重文

宇和島城天守

創建：寛文五年（1665）
所在地：愛媛県宇和島市
形式：層塔型天守／三重三階

撮影／中田真澄

黒潮香る古式望楼型天守

重文 高知城天守

創建：延享四年（1747）
所在地：高知県高知市
形式：望楼型天守／四重六階

撮影／石田多加幸

勝山山頂に威容を誇る天守群

重文 松山城天守

創建：嘉永三年（1850）
所在地：愛媛県松山市
形式：層塔型天守／三重三階、地下一階

撮影／中田真澄

天険の山城に築かれた二重天守

重文 備中松山城天守

創建：天和三年（1683）
所在地：岡山県高梁市
形式：層塔型天守／二重二階

撮影／竹重満憲

高石垣の要塞に聳える三重天守

重文 丸亀城天守

創建：万治三年（1660）
所在地：香川県丸亀市
形式：層塔型天守／三重三階

撮影／中井均

世界文化遺産の国宝天守

国宝 姫路城天守

創建：慶長十三年（1608）
所在地：兵庫県姫路市
形式：望楼型天守／五重六階、地下一階

撮影／松井久

破風で飾られた最北の現存天守

重文 弘前城天守

創建：文化七年（1810）
所在地：青森県弘前市
形式：層塔型天守／三重三階

［凡例］

築城年は、築城に着手した年、近世城郭として大改修された年など、その城の成り立ちによって本文と異なった年代が記されていることがあります。

築城年／元治元年（一八六四）
築城主／徳川幕府
主要人物／堀利熙・武田斐三郎・榎本武揚・大鳥圭介・土方歳三

主要人物は、その城に関係する人物の他、城に関する事件に関連した人物も含まれています。

表紙カバー表・姫路城（撮影／竹重満憲）
表紙カバー裏・松本城（撮影／中田真澄）

会津若松城

五稜郭遠望（渡島総合振興局提供）
五稜郭の特徴は、第一に二方向以上からの側面射撃を考慮して城の塁線が星形をしていたこと。第二に防衛の要素が石垣や櫓ではなく、土塁であったことである。当時、西洋では大砲による戦闘を想定して、砲弾の衝撃を吸収しやすい土塁中心の城が発達していた。

五稜郭

築城年／元治元年（一八六四）
築城主／徳川幕府
主要人物／堀利熙・武田斐三郎・榎本武揚・大鳥圭介・土方歳三

稜堡形式、星形の西洋式城郭として築かれた

五稜郭は、我が国最初の西洋式城郭として、蘭学者の武田斐三郎《あやさぶろう》によって設計された。元治元年（一八六四）に完成する。五つの突出がある星形の形状なので、五稜郭と称したが、正式名は「亀田御役所土塁」という。明治二年（一八六九）、占領していた榎本武揚率いる旧幕府軍と、新政府軍との戦場になった。

現在城跡は、「五稜郭公園」となり、城を囲む石垣と堀が現存、大手口には三角形の馬出状堡塁《ほうるい》が構えられている。平成二十二年（二〇一〇）、城内の当初と同じ場所に、箱館奉行所の一部が、出来る限り忠実に復元された。そして近くの五稜郭タワー上から見ると、星形の特異な形が確認出来る。

明治初期の箱館奉行所（函館市中央図書館蔵）
箱館奉行所がいわば五稜郭の本体であった。屋根に物見のための太鼓櫓が載っていたが、この櫓が箱館戦争では艦砲射撃の格好の標的となってしまった。

●所在地／北海道函館市五稜郭町
●交　通／ＪＲ函館本線函館駅より湯の川行き路面電車で五稜郭公園前下車。徒歩８分

松前城の天守と櫓門（撮影／中田真澄）
天守（右）は「御三階櫓」と呼ばれ、三重三階の層塔型であった。太平洋戦争の戦禍は免れたが、昭和24年(1949)、類焼により惜しくも焼失、その後外観復元された。本丸御門は切妻造の屋根が特徴の櫓門で、現存である。

松前城

築城年／安政元年（一八五四）
築城主／松前崇広
主要人物／松前慶広・松前崇広・市川一学

海防重視のため、七門の砲台を備えて築城

幕末の嘉永二年（一八四九）、時の藩主松前崇広《たかひろ》が、高崎藩の兵学者市川一学に設計を依頼して築城した。城は、台地最上段に本丸、以下二の丸、三の丸と下がる雛壇式である。本丸には、天守代わりの三重櫓が建てられた。海防に重点を置き、三の丸には七門の砲台が並べられる。明治元年（一八六八）の戊辰戦争で、榎本武揚ら旧幕府軍の攻撃により、一日持たずに落城した。

現在本丸には、外観復元された三重三階の櫓（天守）と本丸御門東塀がある。現存する本丸御門と共に、往時の雰囲気を醸し出している。天守内部は松前城資料館として利用され、その他城内に石垣・堀・土塁の一部と、本丸表御殿玄関が現存する。

明治初期の松前城（松前町郷土資料館提供）
南東から望む。松前城の資料としては非常に知られたものであるが、天守、追手門、本丸御門など写っている建築物だけを見ても、やはりこうした古写真は非常に貴重である。

●所在地／北海道松前郡松前町字松城
●交　通／ＪＲ海峡線木古内駅より松前行きバスで１時間30分松城下車。徒歩10分

弘前城

築城年／慶長十六年（一六一一）
築城主／津軽為信・信枚
主要人物／津軽為信・津軽信枚・天海・津軽寧親

小振りだが、日本最北の三重天守が現存する

津軽地方を統一した津軽氏が、慶長十六年（一六一一）に高岡に完成させた居城である。多くの名建築物が現存している。寛永五年（一六二八）に高岡を弘前と改名、城も弘前城となった。

現在、本丸・二の丸・三の丸、更に北の郭、西の郭の敷地が弘前公園として整備されている。城門、石垣や堀、土塁も各所に残り、広い城内を巡ると、古き時代の城の遺構が満喫出来る。

かつて城のシンボルであった五重天守は、寛永四年（一六二七）の落雷で焼失した。隅櫓として築造したのが、現存する小振りで三重三階の天守である。本丸の石垣工事の関係で、現在天守を少し移動させた。元の位置に戻るまで、十年を要するという。

●所在地／青森県弘前市下白銀町
●交　通／ＪＲ奥羽本線弘前駅よりバスで市役所前公園入口下車。徒歩２分

弘前城空撮（撮影／中田真澄）
南から弘前城を望む。弘前城は天守１基、櫓３基、門５棟が残る。姫路城に次いで、我が国二番目に現存遺構が多い。さらにこの航空写真からも分かるように、本丸を中心とした主要な曲輪の残りも非常に良い。

二の丸辰巳櫓（撮影／加藤理文）
弘前城二の丸に残る３基の三重櫓は、ほぼ同じ規模・構造と意匠をしている。辰巳櫓は南東隅に建つ。

二の丸南門（弘前市役所提供）
二の丸の南面の虎口に建つ。弘前城の五棟の櫓門はいずれも土塁と土塁の間に建ち、腰屋根（短い屋根）が四周に巡るというよく似た規模・形式をしている。

本丸内から見た天守（撮影／松井久）
天守北面と西面。破風は一つもなく、格子のはまった窓を連続させて配置、狭間は二・三重目にそれぞれ一つずつ設ける。本丸外から見た姿（下の写真）とはまるで別の城の天守のようである。

明治初期の天守（弘前市教育委員会蔵）
本丸の外から見る。南面と東面には切妻破風の出窓を重ね、長押形で飾られた大型の矢狭間を連ねていて、「端整」という形容詞が似つかわしい美しい天守。明治六年（一八七三）に取り壊された本丸御殿が天守後方に写っていることから、それ以前の撮影であることが分かる。

盛岡城

築城年／慶長十四年（一六〇九）
築城主／南部信直
主要人物／南部利直・南部利祥

東北地方最大の石垣規模を誇る堅城

文禄元年（一五九二）、南部信直は北上川と中津川の合流地、高さ二十メートルほどの不来方《こずかた》の丘に築城工事を開始した。丘は花崗岩の産出地であり、東北地方には珍しい総石垣の城となった。居城として相応しい威容が完成したのは、信直の孫重直の時代、寛永十年（一六三三）のことである。

初め不来方城と称していたが、後に盛岡城と改称。以後明治維新まで、南部氏の居城として続いた。しかし、同十一年の落雷で本丸を焼失する。延宝四年（一六七六）に、天守代用の御三階櫓が再建され、後に天守と改称された。現在城跡は、岩手公園として整備され、石垣のみが残る。なかでも、二の丸北西の高石垣が見事である。

明治期の本丸（清養院蔵）
右方に見える２基の建物は、手前が本丸南西隅に建っていた二重櫓。その奥が盛岡城の象徴であった御三階櫓。写真の細かな検証によって、二重櫓は瓦葺、御三階櫓は杮葺もしくは銅板葺という情報が得られる。

淡路丸の高石垣（盛岡市教育委員会）
盛岡城は「東北の石垣の三名城」の一つであり、城域のほぼ全てに見事な高石垣が巡る。用いられている石垣の量は東北一である。

●所在地／岩手県盛岡市内丸
●交　通／ＪＲ東北本線盛岡駅下車。徒歩 15 分

久保田城

築城年／慶長八年（一六〇三）
築城主／佐竹義宣
主要人物／佐竹義宣

佐竹義宣が築いた、簡素で質実剛健な大城郭

関ヶ原の合戦（慶長五年〈一六〇〇〉）後、出羽秋田に移封された佐竹義宣は、久保田神明山に新城久保田城を築いた。しかし幕府への配慮と財政上の理由から、石垣をほとんど使用せず、天守もない簡素な造りになっている。ただし外郭には、壮大な規模の土塁を配備した。そして幅の広い堀、急峻な切岸など、土造りによる防御性を如何なく発揮し、質実剛健だが、強力な防衛線を持った大城郭を完成させた。

本丸・二の丸は現在、千秋公園となっている。本丸には表門や御隅櫓が復元されたが、史料に基づく正確な復元ではない。櫓の最上階には望楼部が加えられたので、城下が一望出来る。本丸の御物頭御番所は唯一残る現存建物であり、修理されて往時の姿に戻された。

明治初年の久保田城（秋田市立佐竹史料館蔵）
南西方向から本丸を撮影した古写真。左端に御隅櫓、右端に出御書院が望める。出御書院は、天守のなかった久保田城で、その代用となった二階建て書院造の個性的な建物である。

久保田城空撮（撮影／中田真澄）
南東から望んだ久保田城。土造りの堅牢な城であり、虎口周囲などにわずかに石垣が用いられたほかは、土塁、空堀、切岸など「土の防御ライン」が久保田城を固めていた。

●所在地／秋田県秋田市千秋公園
●交　通／ＪＲ奥羽本線秋田駅下車。徒歩５分

仙台城

築城年／慶長七年（一六〇二）
築城主／伊達政宗
主要人物／伊達政宗・支倉常長・伊達綱宗・土井晩翠

奥州の覇者独眼竜政宗が築いた天険の牙城

奥州の覇者独眼竜伊達政宗が、仙台城を築き始めたのが慶長五年（一六〇〇）のこと。天険の牙城として完成し、本丸跡には、鎧兜姿の政宗騎馬像が凛々しく城下を睥睨している。現在城跡に現存する建物はなく、石垣や土塁、空堀のみが残る。一七メートルの高さを誇る本丸北面の石垣は、一部修復してあるが見事な出来である。隅の算木積は、稜線を美しく見せている。豊臣秀吉から拝領した名護屋城の門は、大手門として移築したが、戦災で焼失してしまった。

城跡にある青葉城資料展示館では、仙台城を復元したコンピューターグラフィックスで、麓から本丸への道筋、本丸内の御殿や能舞台、建物内部などを見ることが出来る。

仙台城空撮（仙台市教育委員会提供）
仙台城は、山上の本丸と山麓の二の丸からなる堅城であった。左手の本丸は「人馬叶わず」と謳われたほどの険しい戦国の城で、一方、右方の二の丸は寛永期に平地に造成された曲輪で、藩政の中核となった。

大橋のたもとから大手門を望む（仙台市博物館蔵）
明治初期の撮影。大橋は城と城下を結ぶ橋。その先に威容をもって建つのが仙台城のシンボルともなった巨大な大手門である。飾り金具や華頭窓に装飾された桃山期の煌びやかな意匠をしていた。

●所在地／宮城県仙台市青葉区川内
●交　通／ＪＲ東北本線仙台駅よりバスで仙台城跡下車。徒歩２分

天守（撮影／松井久）
呼び名は「大櫓」であったが、現存する高知城天守などにも匹敵する規模をもっていた三重三階の天守。白漆喰総塗籠の層塔型天守で、最上階は廻縁・高欄を巡らし、華頭窓も開くなど格式を高めていた。

白石城

築城年／天正十九年（一五九一）
築城主／蒲生郷成
主要人物／蒲生郷成・片倉景綱

伊達家の支城ながら、一国一城令後も存続

蒲生氏郷の家臣蒲生郷成《さとなり》が中世の城を改修した。その後の慶長十年（一六〇五）、仙台城の支城として伊達家の重臣片倉景綱が入城し大改修する。本丸は標高七六メートルの丘上にあり、西に二の丸、南に中の丸が、南東に南の丸、巽曲輪が配置されている。城の周囲には館堀川が廻り、南側は空堀であった。

城跡は益岡公園となっているが、平成七年（一九九五）に木造の天守、吹き抜け門形式の大手一の門、櫓門形式の大手二の門と大手門周辺の土塀が復元された。往時の白石城が蘇り、城内には白石城歴史探訪ミュージアムも開設している。白石城本丸模型や城下模型、片倉家に伝わる史料などを見学出来る。

大手一の門と天守（撮影／松井久）
白石城の大手は、入口の一の門と奥に控える二の門で細長い変則形の桝形を構成する。写真は奥の二の門から入り口を望んだところ。

●所在地／宮城県白石市益岡町
●交　通／ＪＲ東北本線白石駅下車。徒歩 15 分

鶴ヶ岡城

築城年／慶長八年（一六〇三）
築城主／最上義光
主要人物／最上義光・酒井忠勝

壮大な御殿を持つ、輪郭式縄張の典型

慶長七年（一六〇二）、庄内地方を所領とした最上義光は、旧大宝寺城を整備拡張して、輪郭式縄張による平城を築いた。翌年には鶴ヶ岡城と改称する。元和八年（一六二二）に酒井忠勝が入封、城は再び改修されて近世城郭となり、本丸には、壮大な御殿が建てられた。天守はないが、広い水堀を持ち、石垣は櫓台や主要な虎口に使用され、他は土塁造りであった。

現在、本丸・二の丸跡は鶴岡公園となり、堀と土塁が残る。本丸には藩祖等を祀る荘内神社が建てられた。そして三の丸には、御用屋敷（御隠殿）庭園や致道博物館があり、藩校致道館は城跡の南東に残されている。

明治期の本丸中の門周辺（鶴岡市立図書館蔵）
本丸の表門らしい格式を見せる中の御門。左に写る大きな屋根の建物は本丸御殿の大広間である。

本丸遠望（鶴岡市役所提供）
かつての城の縄張は、本丸を二の丸が、二の丸を広大な三の丸がそれぞれぐるりと取り巻く輪郭式であった。

●所在地／山形県鶴岡市馬場町
●交　通／ＪＲ羽越本線鶴岡駅下車。徒歩 30 分

山形城

築城年／正平十二年（一三五七）
築城主／斯波兼頼
主要人物／最上義光・直江兼続・鳥居忠政・保科正之

最上義光は、中世の城を近世の城に拡張した

正平十二年（一三五七）、斯波《しば》兼頼が築いた城である。当時は堀を廻らせた程度のものであったが、文禄年間（一五九二〜九六）に最上義光《よしあき》が、城の大拡張を行った。二の丸と三の丸が本丸を囲む、いわゆる輪郭式縄張の平城とされた。

現在、本丸・二の丸跡は霞城公園となっている。遺構として堀や土塁、南大手門、西門や北門の桝形石垣が残る。そして平成三年（一九九一）、桝形を形成している二の丸東大手門、南多門櫓、北多門櫓、大手橋が復元された。東大手門内には、最上義光の出陣する騎馬銅像の雄姿も立っている。平成十八年には、本丸一文字門、大手橋の復元もなった。

明治初期の二の丸東大手門（山形市教育委員会蔵）
東大手門の証人ともいえる古写真、復元の最大の根拠となった。左端が櫓門と続櫓で、中央に入り口の高麗門と右が北櫓。

二の丸東大手門遠望（撮影／松井久）
木造で完全復元された。櫓門、高麗門、多門櫓から構成される。まさに山形城の表口にふさわしい豪壮で品格にあふれる門である。

●所在地／山形県山形市霞城町
●交　通／ＪＲ奥羽本線山形駅下車。徒歩 20 分

上山城天守（上山城郷土資料館提供）
昭和 57 年（1982）に模擬建築として建造された天守と城門。元来は本丸の南東隅に築かれていた天守とは位置も姿も異なる。

上山城

築城年／天文四年（一五三五）
築城主／武衛義忠
主要人物／武衛義忠・里見民部

羽州の名城として知れ渡る壮麗な城郭

天文四年（一五三五）に、最上一族の武衛義忠が天神森に築いたのが始まりである。近世に入っての寛永五年（一六二八）、当時の城主土岐頼行によって天守が築かれ、小さいながらも奥羽三名城の一つに数えられた。元禄五年（一六九二）に土岐氏が転封すると、小藩には相応しくない城だと、幕府により城郭は破却される。その後、金森氏が入封して城を再興、二の丸に居館を設けた。同十年に松平信通が入封し、以後十代続いて明治維新を迎えた。

現在城跡は、月岡公園、月岡神社の敷地となり、遺構として石垣や土塁、空堀の一部が残る。昭和五十七年（一九八二）、二の丸跡に三層の模擬天守が建てられたが、内部は郷土歴史博物館である。

上山城雪景（上山城郷土資料館提供）
上山城は、白壁の城壁が巡る美しい城として知られ、「羽州の名城」と讃えられた。

●所在地／山形県上山市元城内
●交　通／ＪＲ奥羽本線かみのやま温泉駅下車。徒歩 10 分

三の丸・本丸遠望（二本松市教育委員会提供）
二本松城は、山城の築かれた麓に広大な居館と城下町が広がっていた。城郭部分は山頂の本丸と二の丸、三の丸からなる。昭和 57 年（1982）に二階櫓、多門櫓、箕輪門などが復元された。

二本松城

築城年／応永二十一年（一四一四）
築城主／畠山満泰
主要人物／二本松義継・伊達政宗・丹羽高寛

自然の地形を巧みに活用した馬蹄形城郭

応永二十一年（一四一四）に、畠山満泰が白旗ヶ峰に築城したことに始まる。その後城主は伊達氏から蒲生氏、上杉氏と代わり、寛永二十年（一六四三）に丹羽光重が入封、山麓に居城を設け、近世城郭の体裁を整えた。山頂には、現在も石垣と天守台跡が残る。しかし天守は無い。丹羽氏の代までは、山頂は本丸部分としての位置付けであり、山麓の二の丸・三の丸部分とに分かれていた。

現在城跡は、霞ヶ城公園として整備されている。二の丸・三の丸には、表門である箕輪門、二階櫓、多門櫓、土塀などが復元された。箕輪門の下には、戊辰戦争で散った悲劇の二本松少年隊群像が、城のシンボルとして立っている。

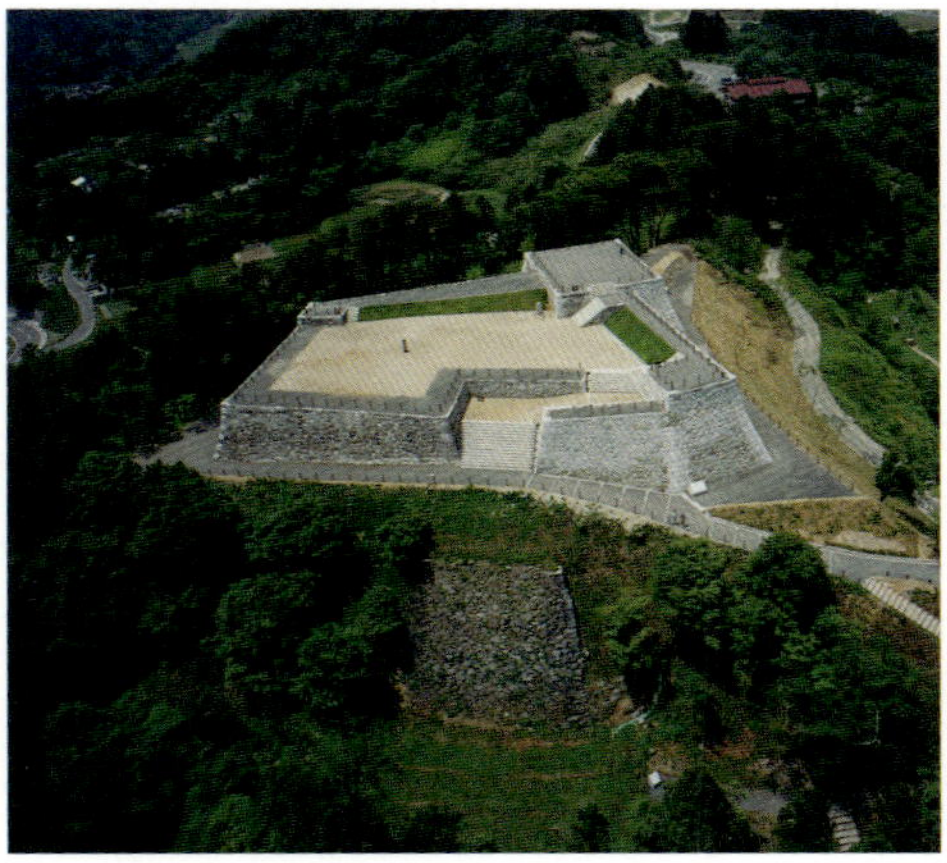

天守台（二本松市教育委員会提供）
上空から見た山頂の天守台。天守台の両翼に東櫓と西櫓の２基がつき従う見事な連結式であるが、天守が建てられたという記録は残されていない。

●所在地／福島県二本松市郭内
●交　通／ＪＲ東北本線二本松駅下車。徒歩 15 分

会津若松城

築城年／文禄元年（1592）
築城主／蒲生氏郷
著名人物／蒲生氏郷・加藤嘉明・保科正之・松平容保

戊辰戦争で壮絶に戦った東北地方の要塞

天守と走長屋・鉄門を望む（会津若松市役所提供）
会津若松城の天守は出窓と付櫓をアクセントにしたスマートな層塔型の五重天守である。手前の広場がかつての本丸御殿の敷地で、天守から南に伸びる走長屋・南走長屋（復元）と、かつて東にも伸びていた走長屋の二つのラインで御殿は囲まれていたのである。

●所在地／福島県会津若松市追手町
●交　通／ＪＲ磐越西線会津若松駅よりバスで鶴ヶ城北口下車。徒歩２分

元中元年（一三八四）に、芦名直盛が創建したという。天正十七年（一五八九）、芦名氏を滅ぼした伊達政宗が入城した。翌年には蒲生氏郷が入り、文禄元年（一五九二）から大改修し、近世城郭として整備した。慶長三年（一五九八）には上杉景勝が入封。同十六年の大地震で、天守は傾き石垣が崩れたが、寛永十六年（一六三九）頃に大改修している。この時天守を七重から五重に改めた。同二十年には、三代将軍家光の異母弟保科正之が入封する。幕末期、官軍と半年近く壮絶に戦って城は落ち、白虎隊の悲劇が生まれた。

現在、本丸・二の丸・北出丸・西出丸には石垣、土塁が良好に残され、堀も現存している。昭和四十年（一九六五）に外観復元された天守が同じ位置に聳えた。同時に天守に続く走長屋、本丸への表門である本丸鉄《くろがね》門も外観復元。平成十三年（二〇〇一）には、干飯《ほしい》櫓と南走長屋も復元された。

明治期の天守（会津若松市蔵）
戊辰戦争で被弾して痛ましい姿を見せる天守だが、こうした古写真の存在によって、昭和 40 年（1965）に五重天守の外観復元がなされたのである。

会津若松城天守・走長屋・鉄門（会津若松市役所提供）
鉄門と走長屋越しに望んだ天守の南面。会津若松城を代表する美しい景観である。鉄門は柱や門扉に鉄板が張られた厳めしい意匠の門。

明治期の天守・走長屋・鉄門
（会津若松市役所蔵）
上の現状写真と同じアングルで撮影された古写真で、明治７年(1874)の取り壊し前の撮影。白壁に残る銃弾の痕や歪んだ屋根が痛々しい。

廊下橋門の桝形（会津若松市役所提供）
廊下橋門は本丸を取り巻く帯郭の東に設けられていた門。手前の橋を渡ると桝形になっていて、往時は高石垣の上に多門櫓が巡り、極めて厳重な姿を見せていた。

会津若松城の見どころ

現存の建物は城下に残る御三階などごくわずかである。しかし本丸・西出丸・東出丸など戊辰戦争の激戦を戦い抜いた城跡の状況はよく残っており、歴史を偲ぶことができる。また天守を始め、鉄門や二重櫓、走長屋などが古写真・発掘調査などを基に、寒冷地ならではの赤瓦葺の姿で蘇りつつある。

会津若松城空撮（会津若松市役所提供）
会津若松城の総構や三の丸は市街地などとなって、ほとんどが失われたが、中枢部分である本丸・二の丸・西出丸・北出丸などはよく姿をとどめている。

白河小峰城

水堀に囲まれた梯郭式城郭の中枢部は石垣造

築城年／寛永九年（一六三二）
築城主／丹羽長重
主要人物／結城親朝・丹羽長重

興国元年（一三四〇）、結城親朝が現在地に城を築いて、小峰城と称した。近世に入り、寛永四年（一六二七）には、丹羽長重が入封して城を大改修、城下町を整備してから、白河城と呼ばれる。

以後城主として、多くの譜代大名が入れ替わったが、最も有名なのは、寛政の改革をなした松平定信である。

明治元年（一八六八）の戊辰戦争で、白河城は官軍と奥羽列藩同盟軍の争奪の的になり、激戦の末に落城、建物も全て焼失した。現在、城山総合公園となった本丸跡の北東隅へ、平成三年（一九九一）に、天守代用ともいわれる三重御櫓を復元、その後同六年に本丸前御門も復元され、往時の白河城景観が蘇った。

昭和初期の本丸跡（個人蔵）
丹羽長重が築き上げた精緻で堅牢な高石垣は、本丸を中心に残されて「東北の石垣の三名城」の面影を明瞭に伝えている。上は昭和初期の本丸跡。下は南東上空から遠望した本丸。

本丸高石垣遠望（白河市歴史民俗資料館提供）

本丸遠望（白河市歴史民俗資料館提供）
古風な姿を見せる望楼型の大型の櫓。木造で完全復元されたその品格ある姿によって、白河小峰城のシンボルがよみがえったのである。前御門は平成６年（1994）の復元。

●所在地／福島県白河市郭内
●交　通／ＪＲ東北本線白河駅下車。徒歩 10 分

土浦城

築城年／永享年間（一四二九〜四一）
築城主／若泉三郎
主要人物／平将門・結城秀康

霞ケ浦の沼地など自然の地形を利用した水城

永享年間（一四二九〜四一）に、若泉氏の築城と伝わる。戦国時代には、小田氏の勇将菅谷勝貞が入った。近世初期には松平氏、西尾氏、朽木氏。同中期以降は、譜代大名の土屋氏が入封する。土屋氏は、一時期駿河田中に移るも直ぐ復帰、以後十一代続いて明治維新を迎えた。

城内には、本丸の大手門で太鼓櫓とも呼ばれる本丸櫓門、搦手にあった薬医門形式の霞門が現存する。寺の山門になっていた旧前川口門が、二の門跡へ移築復元された。平成三年（一九九一）に二層二階の本丸西櫓、同十年に本丸東櫓を復元。二の丸跡には土浦市立博物館が建てられ、土浦城の模型や歴史資料が展示されている。

現存の本丸太鼓櫓（撮影／松井久）
現存する櫓門では、関東地方で唯一の遺構。本丸の表門で太鼓櫓と呼ばれた。二階は四面全てに窓を開いており、櫓門としては珍しい。

明治期の本丸太鼓櫓（土浦市立博物館提供）
明治初期に撮影の古写真。門の階上に太鼓を置いて時を報せていた。

本丸遠望（土浦市立博物館提供）
本丸と周囲を巡る水堀はよく残っており、土浦城の別名である亀城（水に浮んだ亀）の由来が実感できる。東櫓と西櫓はほぼ同形式の二重櫓で、平成になって復元されたもの。

●所在地／茨城県土浦市中央
●交　通／ＪＲ常磐線土浦駅よりバスで亀城公園下車

宇都宮城

築城年／元和五年（一六一九）
築城主／本多正純
主要人物／藤原秀郷・奥平家昌・本多正純

本丸御殿は日光社参の将軍御座所

全くの平城だが、複雑な地形が自然の防衛線を形成していた。本丸を、二の丸・三の丸・外曲輪が囲い込む輪郭式縄張である。中世城郭を近世城郭へと変貌させたのは、城主本多正純の時。本丸御殿は、将軍日光社参の御座所とされた。この城での最大事件は、その本多正純が失脚した事件である。俗説では、将軍暗殺の釣天井事件として名高い。そして明治元年（一八六八）、旧幕府軍の攻撃を受け、城と城下町は焼失してしまった。

現在は宇都宮城址公園として整備されている。富士見櫓と清明台櫓が復元された。本丸広場の御殿風建物、清明館で城の資料が展示されている。本丸御殿そのものの復元計画もあるという。

昭和初期の本丸跡（個人蔵）
昭和５年（1930）頃の撮影。宇都宮城は幕末の戊辰戦争で建物の大半を失ってしまった。だが昭和の初めまでは本丸の土塁や水堀は残されていて、城の面影を偲ぶことができた。

本丸遠望（撮影／加藤理文）
復元された櫓と土塁。右が富士見櫓で、奥が清明台櫓。本丸の東半分を巡る土塁とともに復元が進められて平成 19 年（2007）完成した。

●所在地／栃木県宇都宮市本丸町
●交　通／ＪＲ東北本線宇都宮駅よりバスで宇都宮城址公園入口下車

高崎城

築城年／慶長三年（一五九八）
築城主／井伊直政
主要人物／井伊直政・徳川忠長

本丸を囲む、複雑に配置された曲輪群が特徴

井伊直政が、旧和田城跡に築いた城である。中核となる本丸・二の丸・三の丸を中心に、西の丸、榎曲輪などの曲輪が複雑に配された城郭であった。直政は、慶長三年（一五九八）に箕輪城から移っている。この城最大の事件は、城に預けられていた将軍家光の弟駿河大納言忠長が、寛永十年（一六三三）に自刃した事件であろう。

現在、本丸と二の丸跡に遺構はなく、多くの公共施設が建っている。三の丸だけに、土塁・堀が現存していて城郭の名残りを見る。最近城外に移されていた本丸乾櫓と三の丸東門が、三の丸へ移築復元された。また堀跡、石垣水路なども復元されている。三の丸に建つ市役所展望ロビーからは、城跡全体を見渡せる。

昭和初期撮影の本丸三階櫓（深井正昭氏蔵）
東京鎮台高崎分営の近代的兵舎のすぐ傍に、かつての天守の代わりに本丸に建っていた三階櫓が並ぶという奇妙な光景をとらえた古写真であり、かつ極めて重要な資料でもある。

本丸乾櫓（左）と三の丸東門（右）（撮影／加藤理文）
乾櫓は本丸の南東隅を守っていた櫓。現存の二重櫓としては最小の規模である。東門は三の丸の通用門であった。どちらも民間に払い下げられていたが、昭和 50 年代に現位置に移築された。

●所在地／群馬県高崎市高松町
●交　通／ＪＲ高崎線高崎駅下車。徒歩 10 分

佐倉城

築城年／元和三年（一六一七）
築城主／土井利勝
主要人物／千葉邦胤・土井利勝・堀田正睦

鹿島台地に土造りで築かれた徳川譜代の城郭

天文年間（一五三二～五五）に、千葉親胤の命で鹿島幹胤が鹿島台地に築城した。慶長十五年（一六一〇）、土井利勝が入城して近世城郭として大改修している。この時、梯郭式縄張りで、北と東に惣曲輪を伸ばした。石垣の使用は多くなく、土塁で曲輪や堀が造られた。今も残る本丸の天守台も土塁だけである。本丸には三重天守があり、銅《あかがね》櫓、角櫓が配されていた。

現在城の主要部分は、佐倉城址公園として整備されている。城跡北側の惣曲輪（侍屋敷）跡に、国立歴史民俗博物館が建てられた。また本丸北側に復元された角馬出《かくうまだし》の空堀は見事で、佐倉城の象徴ともなっている。

復元された角馬出の空堀（撮影／松井久）
三の丸から椎木曲輪に突き出された角馬出を防御する長大な空堀である。復元に際して危険防止のために6メートルあった深さを3メートルに底上げしている。

●所在地／千葉県佐倉市城内町
●交　通／ＪＲ総武本線佐倉駅下車。徒歩25分

佐倉城空撮（撮影／中田真澄）
台地の最高部に置いた本丸を二の丸と西・南の二つの出丸が守り、さらに北と東に惣曲輪を延ばしていた（東の惣曲輪は現在、ほぼ失われている）。空堀や土塁の残存状況も良く、堂々たる土の要塞を見ることができる。

大多喜城

築城年／天正十九年（一五九一）
築城主／本多忠勝
主要人物／真里谷信清・本多忠勝・ドン・ロドリゴ

本多忠勝が近世城郭に改修した堅固な要塞

城は、夷隅《いすみ》川が大きく蛇行する盆地の西側丘陵上にある。中世の旧城を、天正十八年（一五九〇）以降に本多忠勝が近世城郭に改修した。丘の頂上に本丸、東へ一段低く二の丸、麓に三の丸という梯郭式縄張りで、本丸の背後には詰めの丸を備えていた。地盤が切削可能な凝灰石の地なので、近世城郭なのに石垣がない。

現在城内遺構は、辛うじて二の丸に、御殿裏門（薬医門）と大井戸が現存する。台地上の本丸には、石垣の天守台上に模擬天守が建てられているが、これは千葉県立中央博物館（大多喜城分館）として建設されたもの。館内には、房総地域の城郭と、歴史資料が展示されている。最上階からは、大多喜の町が一望にできる。

薬医門（撮影／石田多加幸）
県立大多喜高等学校の敷地内に移築保存されている。

大多喜城天守（撮影／石田多加幸）
昭和五十年（一九七五）に復興された天守。

●所在地／千葉県夷隅郡大多喜町
●交　通／いすみ鉄道大多喜駅下車。徒歩約 15 分

忍城

築城年／延徳三年（一四九一）改修
築城主／成田親泰
主要人物／太田道灌・成田泰季・石田三成

難攻不落が証明された湿地帯にある忍城

文明年間（一四六九〜八六）に成田顕泰が築城した。荒川と利根川の水利を巧みに利用、大小一〇の郭を持つ極めて複雑な水城として構築され、忍の浮き城と呼ばれた。天正十八年（一五九〇）、豊臣秀吉による小田原攻めの際、石田三成が「水攻め」を行ったが失敗、難攻不落が証明されている。近世に入ると、代々譜代大名が城主となった。元禄十五年（一七〇二）頃には、現在の縄張りが完成したようである。

現在は忍城址として整備され、昭和六十三年（一九八八）、位置や外観は往時とは異なるが、御三階櫓や、城門・鐘楼などが復元された。御三階櫓の内部は、行田市郷土博物館である。

御三階櫓（撮影／中田真澄）
模擬的に再現された御三階櫓。本来は城の南に置かれた勘定所曲輪に、城の顔となる三階櫓が築かれていた。

昭和二十年以前の忍城（行田市郷土博物館蔵）
畑地や宅地化はしているが、まだ広大な水堀の状況が分かる貴重な資料。忍城は関東地方に多い、沼沢や湖、湿地帯などを防御ラインにした平城の典型であった。

●所在地／埼玉県行田市本丸
●交　通／ＪＲ高崎線行田駅より市内循環バスで水城公園前停留所下車

江戸城

築城年／慶長十一年（一六〇六）
築城主／徳川家康
主要人物／太田道灌・徳川家康・吉良義央・浅野長矩・徳川慶喜・勝海舟・西郷隆盛

徳川将軍十五代の居城として続いた天下城

中世に太田道灌が築いた江戸城を、規模を拡大して、我国最大の城郭としたのは、徳川家康である。

家康は関ヶ原の合戦後、名実ともに征夷大将軍となり、慶長八年（一六〇三）に江戸で開幕した。翌九年、江戸城と城下町建設の為に、全国諸大名に助役普請を命じたが、一応の完成をみたのは、万治三年（一六六〇）のこと。天守は家康の代、秀忠の代、家光の代と三度建てられている。明暦三年（一六五七）の大火で、天守以下多くの櫓や門が焼失した。以後天守は建てられていない。

しかし将軍の住む天下城として、十五代続いて明治維新を迎えている。

現在江戸城は皇居となり、旧吹上、西の丸、紅葉山が、皇居として使用している地域である。旧本丸、二の丸と三の丸の一部は、皇居東御苑として一般公開された。現存遺構は、平川門、大手門（櫓門は復元）、北桔橋の高麗門、富士見櫓、富士見多聞、百人番所、巨大な天守台などがある。

北の丸跡にも、田安門（渡櫓は復元）や清水門（渡櫓は復元）などが現存。西の丸・吹上部分には、伏見櫓や十四間多聞、半蔵門（高麗門のみ）などが現存している。

●所在地／東京都千代田区千代田ほか
●交　通／ＪＲ東海道本線東京駅下車。徒歩５分

江戸城空撮（撮影／中田真澄）
江戸城を南西上空から望む。天守台のある曲輪が本丸で、手前が吹上・西の丸・紅葉山、後方が二の丸と三の丸。いわば江戸城の内郭の、さらに中心をなす部分である。水堀・土塁・石垣が、普通の城とは桁違いのスケールで巡らされていることが分かる。

江戸城本丸空撮（撮影／中田真澄）
本丸を南東上空から望む。前ページの江戸城の範囲に加えて、後方に北の丸、右下に西の丸下・大名小路が望める。天下人の城は、この内郭のはるか外回りを城郭史上最大の外郭が取り巻いていた。

天守台（撮影／中田真澄）
明暦の大火後に築かれた、この天守台に天守は建つことはなかった。しかし切込ハギの巨大な石材で、精密な木目込み細工よろしく組まれた石垣は、将軍家の威容を示すに十分である。

本丸富士見櫓（撮影／中田真澄）
天守が失われた江戸城において、その代用となった大型の三重櫓。もちろん通常の城であれば天守とされて何の不思議もない。外観は面によって破風の形などが異なるが、いずれも均整のとれた美しい姿をしており「八方正面」の櫓と称された。

江戸城の見どころ

最盛時、天下の府城に建ち並んだ建物は五重天守や御殿に加えて、櫓は30基余り、門は大小含めて50棟を越えた。今残るものは櫓3基、門は10棟に満たない。だが、建築物はなくとも三の丸から本丸を巡る高石垣、北の丸から吹上を取り巻く大土塁を見れば、ただ将軍家の城の規格外の壮大さに圧倒されるばかりである。京都に向く城の北面と西面は天皇の居所であることに憚って、威圧的な石垣ではなく土塁で造成されたのだという。

北桔橋門と乾櫓台（撮影／中田真澄）
「北ノカケハシ」と言われた北桔橋門周辺の現状。門に至る通路と門を守備していた乾櫓台の高石垣が、侵入不可能を明確に示している。北桔橋門の高麗門は復元されている。

小田原城

北条氏五代の栄華を支えた総構えの城

築城年／応永二十三年（一四一六）
築城主／大森頼春
主要人物／北条氏康・豊臣秀吉・大久保忠世・稲葉正勝

小田原城空撮（小田原城天守閣提供）
やや右寄りに三重天守が見え、本丸の常盤木門、二の丸の銅門、馬出曲輪の馬出門などが要所を押さえる。これらが近世小田原城としての縄張であり、天守の後方に中世小田原城の中核であった八幡山古郭が広がる。

●所在地／神奈川県小田原市城内
●交　通／ＪＲ東海道本線小田原駅下車。徒歩 15 分

大森頼春が築いた、中世の山城が前身である。その後、戦国大名北条氏の居城となり、関東支配の中心拠点として整備拡張、広大な総構えを活かした、巨大な城になった。勇将上杉謙信、名将武田信玄に攻められたが撃退している。北条氏が、豊臣秀吉により滅亡した後は、徳川氏の譜代大久保氏が城主となった。しかし近世では、城の規模も本丸・二の丸・三の丸内に縮小されている。

現在小田原城址公園となっている城跡に、三重天守が昭和三十五年（一九六〇）に外観復元された。本丸常盤木《ときわぎ》門が同四十五年に、住吉橋、桝形門の二の丸銅《あかがね》門も平成九年（一九九七）に復元されている。

小田原城天守（小田原城天守閣提供）
小田原城天守は江戸時代に二度建て替えられているが、宝永３年（1706）に再建された天守を復元したものである。三重天守であるが規模は非常に大きい。外観的な一番の特徴は二階建ての出窓が設けられていることであり、天守としては他に類例がない。

小田原城二の丸銅門（小田原城天守閣提供）
銅門は二の丸の表門。門扉などに銅金物を用いた厳重な櫓門と高麗門で、桝形を形作っている。

甲信越・北陸・東海の城

名古屋城

春日山城

築城年／永正七年（一五一〇）
築城主／長尾（上杉）氏
主要人物／長尾為景・上杉謙信・上杉景勝・堀秀治

春日山全山を城域とした難攻不落の要害

南北朝期に詰の城として築かれたものを、大改修して居城としたのは、戦国期の長尾為景である。天文十七年（一五四八）、為景の子上杉謙信が十九歳で城主となった。そして以後三十年、謙信はこの城を根拠地として関東、信濃、北陸へと進出している。

城の規模は大きく、春日山全山を要塞化した。慶長十二年（一六〇七）、当時の城主堀忠俊が福島城へ移って廃城とされている。

現在も広大な春日山城跡には、大井戸、空堀や土塁などが残る。上杉謙信が籠ったとされる毘沙門堂も復元された。城の北東麓に、土塁や堀を復元した春日山城史跡広場が設けられ、城の歴史や構造を解説展示した、春日山城跡ものがたり館も併設されている。

毘沙門堂（撮影／石田多加幸）
謙信が出陣前に戦勝を祈願したと伝わる毘沙門堂。現在の毘沙門堂は昭和期に復元されたもので、毘沙門天の尊像が安置されている。

春日山城天守台跡（撮影／石田多加幸）
標高約180メートルの春日山城の頂上にある天守台からは、日本海と頸城平野を一望できる。戦国期の城である春日山城には天守は建てられず、物見櫓のような建物があったと推定されている。

●所在地／新潟県上越市中屋敷
●交　通／ＪＲ信越本線春日山駅下車。徒歩40分前後

高田城

築城年／慶長十九年（一六一四）
築城主／松平忠輝
主要人物／松平忠輝・伊達政宗・松平光長

広い水堀と土塁で守られた輪郭式の近世城郭

徳川家康の六男松平忠輝は、越後福島城に封ぜられた。しかし同城は海に近く水害が多いので、忠輝は幕府に願い、天下普請によって高田城を築く。輪郭式だが、南側に三の丸を配置した変則的平城である。土塁と、広大な水堀に囲まれた近世城郭が誕生した。そして慶長十九年(一六一四)に、福島城から移っている。

現在本丸跡は、学校の敷地である。平成五年（一九九三）に、本丸南西隅へ三重櫓が復元された。内部は歴史展示室になっている。また、三の丸から本丸への堀に架かる極楽橋は、一時土橋となっていたが、同十四年に木橋で復元された。高田城の特徴でもある広い外堀は、周囲約四キロ、面積約一九ヘクタールにも及ぶ。

高田城土塁（撮影／松井久）
高田城は、天守は築かれず、広大な城郭ながら石垣が積まれず、土塁で囲まれた稀な平城の一つである。本丸と二の丸を形成する土塁と広大な水堀は高田城の往時を偲ばせる。

高田城三重櫓（撮影／石田多加幸）
本丸南西隅に復元された三重櫓。この櫓は明治初年に取り壊されていたが、平成になり復元された。三重櫓の一階平面規模は、発掘調査に基づいているが、外観そのものは松平光長時代の「本丸御殿絵図」を参考にしている。また三重櫓は高田城の城郭史料に記録されていた櫓と同じく、土塁上に直接建てられている。

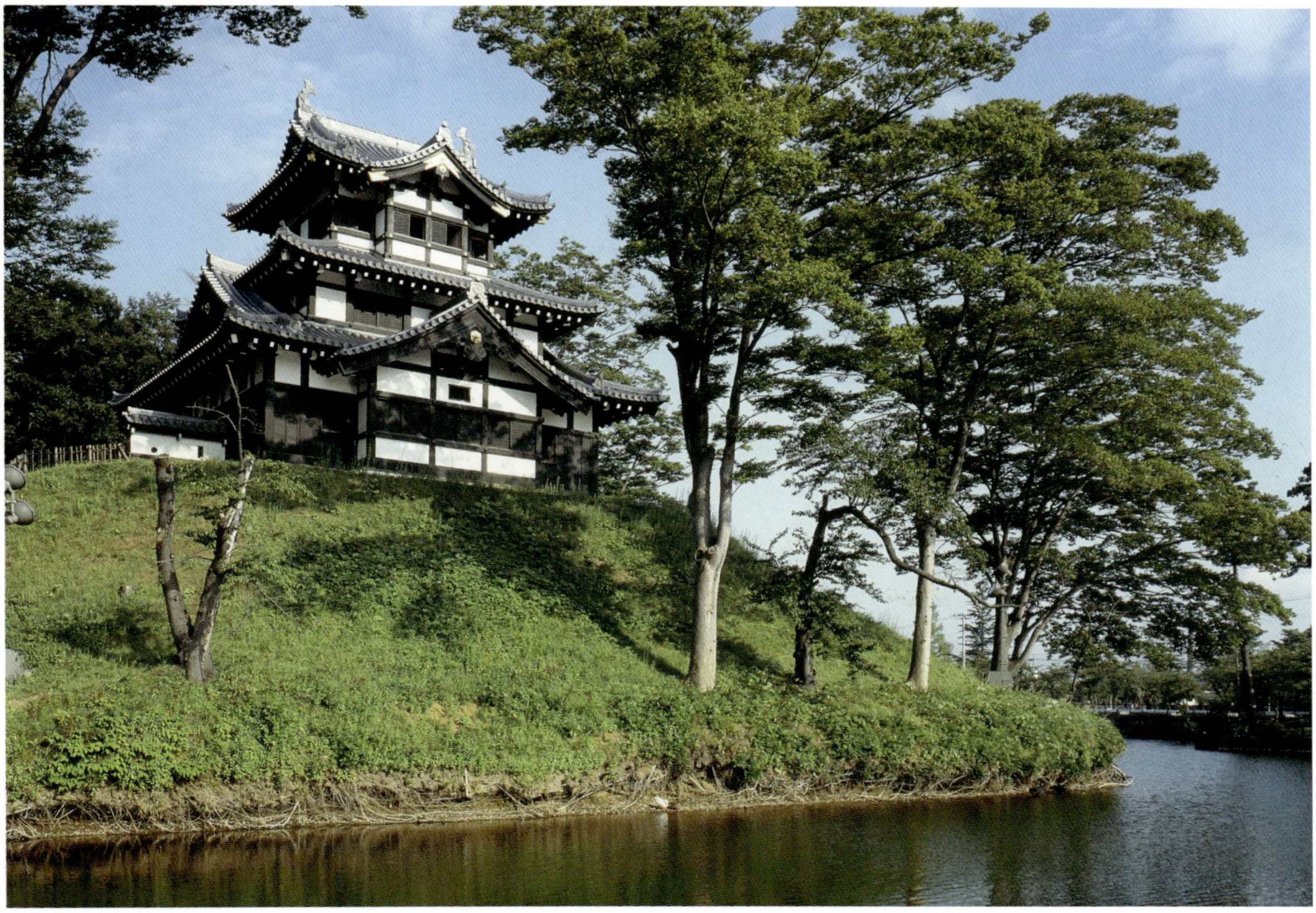

●所在地／新潟県上越市本城町
●交　通／ＪＲ信越本線高田駅よりバスで高田公園入口下車

新発田城

築城年／南北朝期
築城主／新発田氏
主要人物／新発田重家・溝口秀勝

湿地帯を利用し、自然堤防上に築いた城郭

南北朝期に築城された旧城を、溝口秀勝が慶長二年（一五九七）から築き直したものである。城は新発田川の自然堤防上にあり、三方が湿地帯で、外堀の役目を果たしていた。不正形な本丸を中央に置き、南側に二の丸、北側に古丸《ふるまる》があり、二の丸の南方へ三の丸が突き出た、瓢箪形の平城であった。大手門は三の丸の南方に所在した。

現在は、本丸跡が自衛隊の駐屯地であるため、遺構は本丸と二の丸間の僅かなエリアに集中している。即ち、本丸跡の南、内堀に面して二の丸隅櫓と本丸長屋門が並んで現存。西に天守代用であった御三階隅櫓、東に辰巳櫓が復元された。

明治初期の本丸三階櫓（新発田市教育委員会蔵）
写真左は明治７年（1874）に取り壊された本丸三階櫓（三重櫓）。天守のなかった新発田城に延宝７年（1679）本丸西櫓を二重から三重に改め天守の代用とした。

本丸遠望（撮影／石田多加幸）
平成 16 年（2004）に完全木造で復元された本丸三階櫓。最上階の屋根は「三方入母屋」と呼ばれるＴ字型の屋根で、三つの鯱を配された独特の櫓である。各階の下部は海鼠壁で飾られ、北西面と南西面には切妻出窓の石落が設けられている。

●所在地／新潟県新発田市大手町
●交　通／ＪＲ羽越本線新発田駅下車。徒歩 20 分

富山城

築城年／天文十二年（一五四三）
築城主／神保長職
主要人物／神保長職・上杉謙信・佐々成政・前田利次

中枢部分を、三の丸が三方から囲んだ城郭

天文十二年（一五四三）、神保長職の重臣水越勝重によって築かれたと伝わる。城の中枢部を、広い三の丸が囲む形である。天正十三年（一五八五）、越中は加賀の前田氏領となり、富山城は金沢城の支城とされた。

現在城跡は、昭和二十九年（一九五四）建設の、三重模擬天守を中心にして公園化されている。ただしこの模擬天守は、外観や位置も史実に拠ったものではない。この公園には、堀の一部と石垣が残る。平成二十年（二〇〇八）には、現存していた千歳御殿門が修復されて、公園内に戻された。今後、御涼所《おすずみしょ》・薬草園・茶室などを再現する案が検討されている。

明治初期の二の丸御門（富山県立図書館蔵）
写真左は本丸、右は二の丸。明治４年（1871）、富山城は廃城となり、翌年には城内の建物のほとんどは払い下げられ、本丸御殿は県庁舎として使用された。

富山城天守（撮影／加藤理文）
富山城には、もともと天守はなく、本丸に３基の二重櫓が構築され、いくつかの多門櫓と土塀で囲まれた城であった。明治の廃城後「富山城址公園」として整備されたこの地で富山産業大博覧会が開催された際、本丸鉄御門の多門櫓石垣上に模擬天守が建てられた。それが現在見る富山城天守であり、富山市郷土博物館（天守内）である。

●所在地／富山県富山市本丸
●交　通／ＪＲ北陸本線富山駅下車。徒歩 20 分

金沢城

三重の堀を廻らせた加賀百万石の大城郭

築城年／慶長四年（一五九九）
築城主／前田利家
主要人物／佐久間盛政・前田利家・高山右近・前田利長

かつてこの地には、加賀一向一揆の根拠地となった尾山御坊が所在していた。天正八年（一五八〇）に織田信長軍が御坊を陥れ、跡に城郭に建て尾山城と称する。そして同十一年に前田利家が入城し、名称を金沢城と改めた。利家は、家臣の高山右近に命じ、三重の堀を廻らせるなど、大改修を加えて整備している。

金沢城の城跡は現在、金沢城公園となっている。城内には、石川門、同菱櫓、多門櫓、三十間長屋、水の手門などが現存。その二の丸へ、平成十三年（二〇〇一）に菱櫓・五十間長屋・橋爪門続櫓、そして橋爪門一の門、鶴の丸土塀、橋爪橋などが復元された。三の丸の河北門も、同二十二年に復元している。

二の丸菱櫓・五十間長屋・続櫓・橋爪門
（撮影／加藤理文）
明治 14 年（1881）失火により焼失した橋爪門（写真手前）・橋爪門続櫓（左上）・五十間長屋・菱櫓（右上）が平成 13 年（2001）に往時の景観が蘇った。建物はすべて木造で復元され、建物の総床面積は 573 坪に及び、戦後最大級の純木造建築物である。

石川門（金沢市役所提供）
現存する金沢城搦手の正門（国重文）。石川門は天明８年（1788）に再建された門で、昭和の大修理を経て現在の姿になった。櫓や塀の腰に海鼠壁をつけた白壁が美しい。

●所在地／石川県金沢市丸の内
●交　通／ＪＲ北陸本線金沢駅よりバスで兼六園下下車。徒歩５分

明治期の二の丸橋爪門続櫓・五十間長屋・菱櫓
（長崎大学附属図書館蔵）
左端から橋爪門（高麗門）・橋爪門続櫓（二重櫓）・五十間長屋（二重多門櫓）・菱櫓（二重櫓）。写真手前は井戸。

丸岡城

築城年／天正四年（一五七六）
築城主／柴田勝豊
主要人物／柴田勝豊・丹羽長秀

石瓦を用い、望楼型二重天守が現存する城郭

天正四年（一五七六）に、柴田勝家の甥勝豊が独立丘陵上に築いた平山城である。縄張は連郭・輪郭式。城構えはほぼ五角形、丘上の本丸を中心にして二の丸、三の丸が設けられ、周囲には最大幅九〇メートルの堀を廻らせていた。近世では当初、福井城の支城であったが、寛永元年（一六二四）に独立して丸岡藩が誕生した。

現在城跡は、霞ヶ城公園として管理され、小高い城山の本丸上、苔むした石垣の天守台に、丸岡城天守が現存している。望楼型で外観二重、内部三階となっており、その特徴は、屋根瓦にすべて、石瓦を用いていることである。公園の隅に建つ歴史民俗資料館に、城の史料を展示している。

丸岡城天守雪景（福井県観光連盟提供）
北陸地方唯一の現存天守。天守の瓦は寒さによるひび割れを防ぐためか、寒冷地仕様というべき石製の瓦である。

丸岡城天守二階（撮影／松井久）
二階は入母屋造の大屋根の屋根裏階となるが、入母屋破風も窓から明かりが採れ、意外と明るい。太い梁が交差する室内の光景は、現存最古級の天守の趣きを醸し出している。

●所在地／福井県坂井市丸岡町霞町
●交　通／ＪＲ北陸本線福井駅より本丸岡行きバスで丸岡城下車

丸岡城天守（撮影／石田多加幸）
丸岡城天守は昭和 23 年（1948）の福井大地震で倒壊したが、その後、復旧作業が進められ昭和 30 年に修復再建され今日の姿になった。

明治期の丸岡城天守（坂井市教育委員会提供）
丸岡城は廃城後の明治 5 年（1872）天守を除き建物はすべて取り壊された。有志によって破却を免れた天守は、明治 34 年に最上階の部分修理が行われたが、写真の天守も最上階がきれいなことから、修理後の撮影と思われる（明治 16 ～ 45 年などの諸説がある）。

大野城遠望（福井県庁提供）
亀山山頂にそびえる大野城は秋から春にかけて、冷え込んだ朝に雲海をのぞむことができ、あたかも「天空の城」の雰囲気を醸し出す。往時は、本丸に二層三階の望楼型天守、二層二階の小天守、天狗櫓などが建ち並び、麓に二の丸、三の丸があった。

大野城

築城年／天正七年（一五七九）
築城主／金森長近
主要人物／金森長近

大火で焼失した亀山山頂の複合連結式天守

標高約二五〇メートルの亀山山頂部分が本丸で、その東麓に、内堀で囲まれた二の丸と三の丸が配置されている。梯郭式の近世城郭である。当時の天守は、大天守・小天守・天狗櫓が一体化した複合連結式天守であった。しかし、安永四年（一七七五）の大火で焼失してしまう。天和二年（一六八二）に、土井利房が四万石で入封し、明治維新まで土井氏が在城した。

現在は本丸跡に、昭和四十三年（一九六八）に外観復元された天守と連結された隅櫓が建つ。最上階からは城下町が一望出来る。最近、雲の上に見える天守「天空の城」として竹田城が名高いが、大野城も朝霧に覆われると、同じように美しい光景が醸し出される。

大野城天守（福井県庁提供）
現在の天守は、昭和 43 年（1968）旧士族の萩原貞氏の寄付により再建された。内部は資料館として活用され、土井氏の遺品をはじめとした貴重な資料が展示されている

●所在地／福井県大野市城町
●交　通／ＪＲ越美北線越前大野駅下車。徒歩 30 分

福井城御廊下橋（撮影／加藤理文）
本丸と西二の丸・三の丸をつなぐ屋根付きの橋で、藩主が三の丸から登城する際に使用した。

福井城

築城年／慶長十一年（一六〇六）
築城主／結城秀康
主要人物／柴田勝家・徳川家康・結城秀康・松平忠直・松平慶永

輪郭式縄張で川を外堀として活用した城郭

慶長五年（一六〇〇）に入封した結城秀康は、旧北ノ庄城を取り込んで新城を築いた。本丸を中心に、足羽川と荒川を外堀として、内堀を幾重にも巡らせた輪郭式縄張である。当初は北ノ庄城と呼んだが、城主松平忠昌時代に、福井城と改称。寛文九年（一六六九）天守以下城内のほとんどを焼失、その後天守は再建されていない。

現在福井城跡の本丸は、県庁・県議会・警察本部に占拠されてしまったが、福井の名の元になったと思われる福の井が現存。天守台や石垣、広大な内堀も残る。平成二十年（二〇〇八）には、屋根のある御廊下橋《おろうかばし》が復元された。城の北側の歴史博物館敷地内には、舎人門《とねりもん》も復元されている。

明治初期の福井城本丸巽櫓（福井市立郷土歴史博物館蔵）
寛文９年（1669）の大火で天守焼失後、天守代用のためか巽櫓は三重に改造されたという。惜しくも戦災で焼失した。

●所在地／福井県福井市大手
●交　通／ＪＲ北陸本線福井駅下車。徒歩５分

甲府城

築城年／天正十一年（一五八三）
築城主／徳川家康　浅野長政か
主要人物／徳川家康・平岩親吉・羽柴秀勝・浅野長政・柳沢吉保

高低差を活かした輪郭式縄張りの城郭

天正十一年（一五八三）、丘陵地一条小山の地形を活かした輪郭式の平山城として、平岩親吉が築城した。本丸に天守台はあったが、天守は造られていない。歴代城主として、羽柴秀勝・加藤光泰・浅野長政・徳川義直・同忠長・同綱重・同綱豊・柳沢吉保・同吉里などがいる。城は享保十二年（一七二七）に、大火で全焼した。

甲府城の城跡は、現在ＪＲの駅や県庁の敷地となって多くが失われたが、中心部は舞鶴城公園として整備された。壮大な天守台が残り、本丸、二の丸、他曲輪の石垣も現存。城の改修工事も進んでいて、鍛冶曲輪門、内松陰門《うちまつかげもん》、稲荷曲輪門、稲荷櫓、山手門、鉄門《くろがね》、と順次復元されている。

明治期の本丸跡（個人蔵）
写真右最上段の石垣が天守台。天守台の下段の石垣が本丸、天守曲輪、帯曲輪の石垣。明治初年の廃城後、明治 10 年（1877）前後に城内の主要建物は取り壊され、明治 39 年には中心部が舞鶴城公園として一般に開放された。

甲府城稲荷櫓（撮影／加藤理文）
平成 15 年（2003）に復元された櫓。艮櫓とも呼ばれ、城の鬼門を護る二重櫓である。寛文４年（1664）の建築当初の外観に復元された。江戸時代には武具倉として用いられた。

●所在地／山梨県甲府市丸の内
●交　通／ＪＲ中央本線甲府駅下車。徒歩５分

躑躅ヶ崎館

築城年／永正十六年（一五一九）
築城主／武田信虎
主要人物／武田信虎・武田信玄・武田勝頼

武田信玄と勝頼、二代が領国支配した居館

躑躅ヶ崎館は、永正十六年（一五一九）に、武田信玄の父信虎が築いたとされている。館は、中曲輪と東曲輪からなる方形単郭を中心にして、多くの郭が付設されていた。以後、信玄と勝頼二代が領国支配する本拠となった。北側に、詰の城である要害山城も持っている。天正十年（一五八二）、織田信長によって武田氏は滅亡するが、館にはその後も信長・徳川家康の家臣が入って改修している。甲府城の完成後に、廃城になったと思われる。

現在、躑躅ヶ崎館の中曲輪・東曲輪跡には、武田信玄を祀る武田神社が創建されている。館跡の北側には食糧貯蔵庫である味噌曲輪や隠居曲輪が存在したが、現在は畑や公園に化してしまった。

大手門前の石垣（撮影／加藤理文）
往時の館の東側は堀と土塁が巡らされ、防御力を高めていたが、近年の発掘調査に基づき、館の大手門の前大手石塁、堀と土塁も復元整備された。

本丸水堀（撮影／石田多加幸）
方形の主曲輪を取り囲んでいた水堀が現在も残っている。

●所在地／山梨県甲府市古府中町
●交　通／ＪＲ中央本線甲府駅より山梨交通バスで武田神社下車

上田城本丸東虎口櫓門（撮影／石田多加幸）
平成６年（1994）に復元された本丸東虎口櫓門。左から北櫓、東虎口櫓門、南櫓。北櫓と南櫓は、廃城後は移築されていたが、昭和 22 年（1947）に再び城内へ移築復元された。

上田城

築城年／天正十一年（一五八三）
築城主／真田昌幸
主要人物／真田昌幸・真田信之・仙石忠政

徳川軍を二度撃退した真田氏の城

天正十一年（一五八三）、真田昌幸が尼ヶ淵に臨む断崖上に築城を開始した。城地は、千曲川の段丘を利用しており、現存する上田城は、真田氏以後に拡張されたもので、徳川軍を二度迎え撃った当時の城は、西側に遺構を留める尼ヶ淵城であったともいう。

近世には、城主として真田、仙石氏に続き宝永三年（一七〇六）松平忠周《ただちか》が入り、以降六代に渡って明治維新を迎える。

現在、上田城跡公園となっている上田城跡の入口部分へ、平成六年（一九九四）に本丸東虎口櫓門が復元された。櫓門の左右には、現存する二重の北櫓と南櫓がある。また西側には二重の西櫓も現存し、本丸の石垣や堀などもよく残されている。

明治初期の本丸跡（宮内庁書陵部蔵）
明治６年（1873）に廃城となった上田城は、翌年に城内の建物は払い下げられ、本丸に７基あった櫓は西櫓を残して解体、売却された。

●所在地／長野県上田市二の丸
●交　通／ＪＲ北陸新幹線上田駅下車。徒歩 10 分

松代城太鼓門（撮影／加藤理文）
太鼓門は明治 12 年（1879）に北不明門とともに取り壊され、一時一帯は耕地となった。その後、本丸は買い戻され公園となり、発掘調査・保存修理を経て、平成 16 年（2004）に享保２年（1717）の再建時の姿に再現された。

松代城

築城年／永禄三年（一五六〇）
築城主／武田信玄
主要人物／山本勘助・森長可・真田信之

武田信玄が千曲川を自然の要害として築城

武田信玄は、永禄三年（一五六〇）に山本勘助に命じて海津《かいづ》城を築かせた。城は、千曲川畔にその流れを引き入れた自然の要害として、短期間で仕上げた砦状のものである。

永禄四年の川中島合戦時、信玄はこの城で作戦をたてたという。その後は城主が入れ替わり、関ヶ原合戦後の慶長八年（一六〇三）、松平忠輝が入り松城と改名した。元和八年（一六二二）には真田信之が入封、以後真田氏十万石の城下として明治維新まで繁栄した。幕命で松代城と改めたのは、正徳元年（一七一一）のことである。

平成十六年（二〇〇四）、城跡を整備して本丸太鼓門枡形と前橋、北不明《きたあかず》門枡形や塀を復元している。

昭和初期の松代城本丸跡（個人蔵）
内堀より中は総石垣で囲まれ、櫓門は太鼓門、北不明門、東不明門の３門が設けられ、幕末まで４基の二重櫓が建ち並んでいた。

●所在地／長野県長野市松代町
●交　通／長野電鉄屋代線松代駅下車。徒歩５分

本丸御門跡と橋（撮影／石田多加幸）
橋は本丸と二の丸に架かる橋で、手前の本丸には桝形門が設けられていた。深い空堀と堅固な桝形門に護られたこの地に立つと、高遠城の堅城さがよくわかる。

高遠城

築城年／天文十六年（一五四七）
築城主／秋山信友
主要人物／武田信虎・秋山虎繁・武田勝頼・織田信忠

三方を囲む河川を利用した要害城

高遠城を築いたのは、諏訪氏の一族高遠氏である。武田信玄が高遠城を攻略し、天文十六年（一五四七）に大規模な改修工事を行った。三方を河川に囲まれた断崖上に本丸を構築、南に南曲輪・法幢《ほうどう》院《いん》曲輪を、西に勘助曲輪、北に二の丸・三の丸を配置した。そして天正十年（一五八二）、織田信長軍の攻撃を受け、城主仁科盛信以下籠城した全員が壮絶な戦死を遂げる。

現在、高遠城址公園内には土塁や空堀が残されている。本丸御門跡に、城下町から問屋《とんや》門を移設した。公園の南側には、伊那市立高遠町歴史博物館と、絵島囲い屋敷が置かれている。

太鼓櫓（撮影／加藤理文）
櫓は搦手門付近にあったが、明治10年（1877）本丸に移された。現在の櫓は大正2年（1913）に再建されたもの。

●所在地／長野県伊那市高遠町
●交　通／ＪＲ飯田線伊那市駅より高遠行きＪＲバスで高遠下車。徒歩20分

小諸城三の門（撮影／石田多加幸）
元和元年（1615）に創建された門で、寛保２年（1742）の大洪水で流失したため明和２年（1765）に再建された。門の正面に掲げられた「懐古園」の扁額は徳川家達の筆である。

小諸城

築城年／天文二十三年（一五五四）
築城主／武田信玄
主要人物／大井光忠・滝川一益・仙石秀久

千曲川に面した古城は信玄信州侵略の拠点

中世に大井光忠が造った城構えを、武田信玄が信濃攻略の拠点とすべく山本勘助・馬場美濃守に命じて、天文二十三年（一五五四）に修築したと伝わる。天正十年（一五八二）武田氏が滅び、小諸城も落城した。同十八年には仙石秀久が五万石で入封。城の大改修を行う。三重天守を建て、櫓や城門を築いて現在のような規模とした。その後の城主は度々交代、元禄十五年（一七〇二）に入封した牧野氏が、明治維新まで十代続いた。

現在小諸城には、「懐古園」と書かれた扁額《へんがく》が掲げられている三の門が現存する。そして大手門も、平成二十年（二〇〇八）に近世の姿に復元され、公開されている。

小諸城大手門（撮影／加藤理文）
門は大修理を経て、享保５年（1720）の姿に復元された。

●所在地／長野県小諸市丁
●交　通／しなの鉄道小諸駅下車。徒歩１分

松本城

松本平に聳え絶妙の均衡美を誇る連結天守群

築城年／天正十八年（一五九〇）
築城主／石川数正
主要人物／馬場信春・小笠原貞慶・石川数正・石川康長

永正年間（一五〇四～二一）に、小笠原氏によって深志《ふかし》城が築かれた。天文十九年（一五五〇）以後は、甲斐武田氏の信濃での拠点となる。天正十年（一五八二）に武田氏は滅び、小笠原氏が復帰して松本城と改める。近世の城へ大改修したのは次の城主石川数正である。

現在、本丸・二の丸とも石垣や土塁がよく残され、内堀と外堀の大部分も昔と変わりない。昭和三十五年（一九六〇）に本丸正面の黒門、平成二年（一九九〇）に二の門、同十一年に太鼓門桝形が復元された。現存する、絶妙の均衡美を誇る天守群。天守と小天守は、慶長十年（一六〇五）前後に完成したもの。辰巳櫓と月見櫓は、寛永年間（一六二四～四四）の増築である。

明治末期の松本城天守（深志高校同窓会蔵・松本城管理事務所提供）
明治５年（1872）、天守は城内のほかの建物とともに民間に払い下げられたが、民権運動家・市川量造らの尽力で取り壊しを免れた。しかし、天守は傾き、屋根の破損も著しかったため、明治36年から大正２年（1913）にかけて大修理が実施された。

●所在地／長野県松本市丸の内
●交　通／ＪＲ中央本線松本駅下車。徒歩 15 分

松本城天守西面（撮影／中田真澄）
右は外観五重・内部六階の天守、左は外観三重・内部四階の乾小天守。この二つの天守を結ぶのが渡櫓。
天守台と渡櫓石垣は勾配が緩く、隅部は長石で固められているが、自然石を積み上げた野面積である。

松本城天守と辰巳櫓・月見櫓（松本城管理事務所提供）
左から五重六階の天守、天守に接続して二重二階の辰巳櫓、そして右に一重一階・地下一階の月見櫓の３棟が一体化された複合式の立面をみせる。とくに月見櫓は三方が吹き抜けとなり、開放的趣きになっている。天守群のうち、石川氏時代に建造されたのは、天守と乾小天守、二つを結ぶ渡櫓であるが、写真に見る辰巳櫓と月見櫓は寛永年間（1624～44）、松平氏時代の建造である。

松本城本丸黒門桝形と天守（撮影／岩淵四季）
本丸に入る黒門桝形。右奥の一の門（櫓門）は昭和三十五年（一九六〇）に復元され、手前の二の門（高麗門）は平成二年（一九九〇）に復元された。

白景に聳える松本城天守（松本城管理事務所提供）
峨峨として連なる北アルプスを背景に、信州松本平に聳え立つ漆黒の松本城天守。厳寒な冬においても、その威容は古武士の風格を漂わす。

松本城の見どころ

現存天守 12 基の中、五重の天守は松本城と姫路城だけである。なかでも松本城は唯一の平城の天守であり、「黒漆塗の下見板」を見せる勇姿は、間近で見ると戦国時代にタイムスリップしたような迫力を感じる。また、天守の三方に水堀が巡っているため、見る位置によっていろいろな姿を見せてくれる。四季それぞれに美しさを持ち北アルプスの山々をバックに水堀に姿を写す天守は、他の城では見られない絶景である。

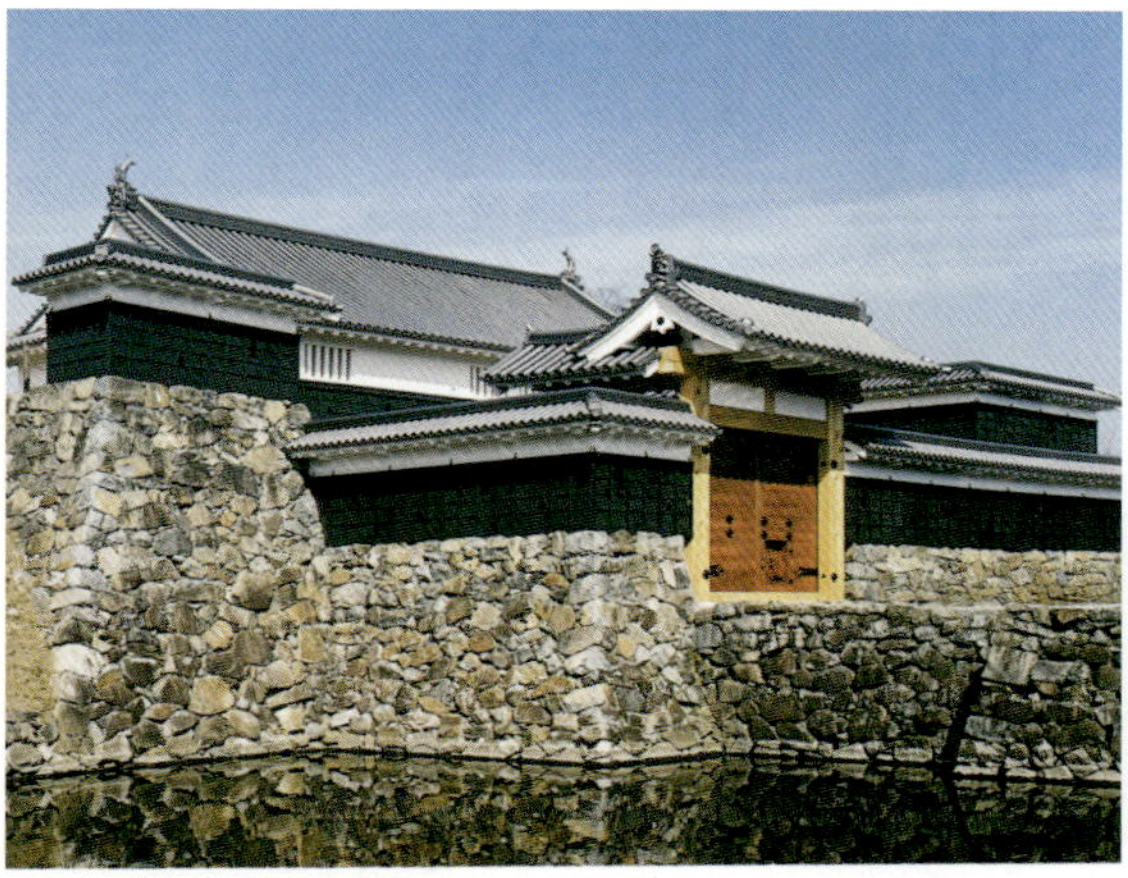

松本城二の丸太鼓門桝形（松本城管理事務所提供）
本丸黒門とともに城内で厳重な防御をみせる桝形で構成されているのが、二の丸太鼓門で二の丸の大手門入り口である。明治４年（1871）に破却されたが平成 11 年（1999）に復元された。

松本城天守群南西面（撮影／中田真澄）
左より乾小天守、天守、辰巳櫓、月見櫓。

高島城

築城年／文禄元年から慶長三年（一五九二〜九八）
築城主／日根野高吉
主要人物／山本勘助・日根野高吉・松平忠輝・吉良義周

諏訪湖を利用して、要害堅固とした浮城

諏訪地方へ入封した日根野高吉は、諏訪湖畔に近い小島に、文禄元年（一五九二）から築城を開始し、慶長三年（一五九八）に完成させた。諏訪湖に流入する河川が、外堀の役目を担っている。本丸や二の丸・三の丸などは、まるで水面に浮かぶように見えたので、「諏訪の浮城《うきじろ》」と呼ばれた。規模は小さいが、川と諏訪湖を利用した、要害堅固な城である。

同六年に日根野氏は去り、諏訪頼忠の子頼水が入封した。以来二七〇年の間、明治維新まで諏訪氏が居城している。

現在、本丸跡は高島公園となり、桜の名所として知られる。昭和四十五年（一九七〇）、残されていた天守台上に三重五階の天守が外観復元された。天守内部は高島城や郷土の史料室であり、最上階は展望室として利用されている。また三の丸御殿の裏門も、川渡門跡へ移築された。

明治初期の高島城天守（個人蔵）
明治８年（1875）に天守以下城内の建物が破却もしくは移築された。

高島城本丸と天守（撮影／石田多加幸）
古写真をもとに復興された天守とともに、本丸北面は当時の面影を残している。

●所在地／長野県諏訪市高島
●交　通／ＪＲ中央本線上諏訪駅下車。徒歩 10 分

岩村城

築城年／文治元年（一一八五）
築城主／遠山氏
主要人物／遠山景任・秋山晴近・おつやの方・各務元正

急峻な山を利用した縄張は女城主の城

山上に構えられた複雑な縄張のこの城は、文治元年（一一八五）、遠山景廉が築いたと伝わる。戦国期になり、城主遠山景任は妻の一族である織田信長方に付く。そこで甲斐武田軍の攻撃をうけるが撃退した。景任が病没すると、信長の叔母景任夫人が城主となる。

翌年、武田軍秋山晴近の攻撃で落城寸前、晴近は景任夫人に結婚を申し込み、受ければ城兵の助命を約束した。これを受け、岩村城は武田方になる。信長は激怒し、天正三年（一五七五）に岩村城を攻撃、晴近は降伏したが信長は許さず、晴近夫婦を処刑した。

現在では本丸跡まで車でも行けるが、岩村城の好さを知るには登城路から登ってみたい。本丸六段の石垣は、特に見事である。

岩村城表御門と太鼓櫓（恵那市教育委員会提供）
明治 14 年（1881）に焼失していたが、太鼓櫓、表御門、脇櫓、平重門などが平成 2 年（1990）に復元された。

本丸六段の石垣（撮影／石田多加幸）
岩村城のシンボルともいうべき石垣で、急峻な地形に築造した工夫が偲ばれる。

●所在地／岐阜県恵那市岩村町
●交　通／明知鉄道岩村駅下車。徒歩 30 分

岐阜城

築城年／建仁元年（一二〇一）
築城主／二階堂行政
主要人物／織田信長・織田信孝・池田輝政・豊臣秀勝・織田秀信

織田信長が天下統一を目指した居城

二階堂行政が金華山（稲葉山）に築いた城を、後の斎藤道三が手に入れたのが天文二年（一五三三）のこと。そして永禄十年（一五六七）、斎藤竜興を破って入城した織田信長が、名を岐阜城と改めた。この時信長は、山麓に豪壮な御殿を持つ居館を建てたという。

信長の孫秀信の代に、関ヶ原合戦の前哨戦で落城、その後には、徳川家康の娘婿奥平信昌が封ぜられた。信昌は山上の城を嫌い、加納に城を築く。慶長六年（一六〇一）岐阜城は廃城とされた。

現在金華山山頂には、昭和三十一年（一九五六）に復元した三重四階の天守が聳えている。最上階の展望室からの眺望は、天下一の見晴らしである。

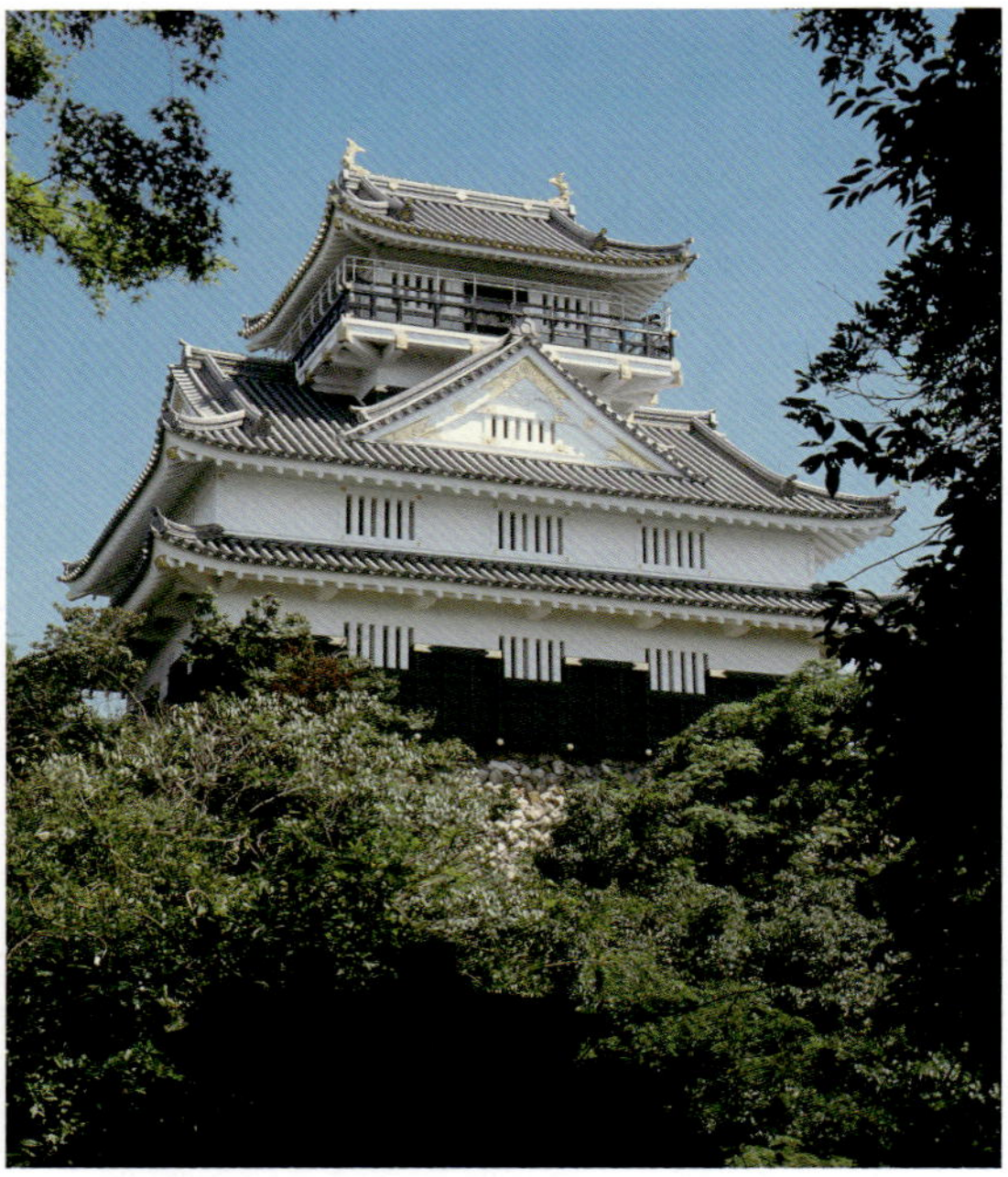

岐阜城天守（撮影／石田多加幸）
昭和 31 年（1956）に金華山山頂に復興された天守。

●所在地／岐阜県岐阜市金華山
●交　通／ＪＲ東海道本線岐阜駅よりバスで岐阜公園下車。

岐阜城遠望（岐阜市役所提供）
標高 320 メートルの金華山の山頂と山麓に居館を構えた山城の景観。北に長良川の清流に洗われた岸壁、西には長良川による扇状地が広がり、ここに城下町が形成された。

大垣城天守（撮影／石田多加幸）
多門櫓が付設する複合式天守の大垣城天守は、国宝に指定されていたが、惜しくも昭和 20 年（1945）7 月 29 日の戦災で焼失した。現在の天守は外観復元されたものである。往時は天守のほか、三重櫓１基、二重櫓３基が護る豪華な本丸を形成していた。

大垣城

築城年／天文四年（一五三五）
築城主／宮川安定
主要人物／池田恒興・一柳直末・伊藤盛宗・石田三成

関ヶ原合戦時、石田三成の西軍が集結した城

築城年数と創設者については、明応九年（一五〇〇）竹腰尚綱説と、天文四年（一五三五）の宮川安定説がある。永禄三年（一五六〇）に氏家直元は、小規模な旧城を拡張した。天正十六年（一五八八）頃に、四重四階建て総塗籠様式の天守が築かれたと思われる。牛屋川を外堀に利用、四重の堀を廻らせた水城として完成した。天下分け目の関ヶ原合戦時、大垣城は西軍が集結し本部としている。

現在、本丸・二の丸は大垣公園となっており、戦災で焼失した天守が、昭和三十四年（一九五九）に外観復元された。同四十二年に乾櫓、同六十年には艮《うしとら》櫓と西門などを復元。本丸付近の情景は、往時に近い雰囲気を取り戻しつつある。

明治初期の大垣城本丸（大垣市立図書館蔵）
天守の周辺には二の丸や竹曲輪、本丸腰曲輪の二重櫓が見える。

●所在地／岐阜県大垣市郭町
●交　通／ＪＲ東海道本線大垣駅下車。徒歩 10 分

駿府城坤櫓（撮影／加藤理文）
二の丸の南西の方角に位置する櫓で、外観二重、内部三階の構造となっている。復元にあたっては、「駿府御城惣指図」「駿府御城内外覚書」などを参考に、伝統的な木造建築工法を用いている。

駿府城

築城年／天正十七年（一五八九）
築城主／徳川家康
主要人物／徳川家康・徳川頼宣・徳川忠長・徳川慶喜・徳川家達

巨大天守が輝く大御所徳川家康の隠居城

慶長十二年（一六〇七）、徳川家康は駿府城を隠居城として、天下普請で大改修する。輪郭式で三重の水堀を持ち、史上最多重階である六重七階の天守が金色に輝いていた。御殿も贅を尽くして、華麗を極めていたという。しかしこの天守も、寛永十二年（一六三五）に焼失してしまった。以後天守は再建されていない。

現在、二の丸巽櫓と続く土塀の一部が昭和六十四年（一九八九）に、二の丸東御門桝形（高麗門、櫓門、南多門櫓、西多門櫓、東御門橋）が平成八年（一九九六）に木造で復元され、建物内部も公開された。坤《ひつじさる》櫓は同二十六年に復元され、一階部分のみ公開されている。

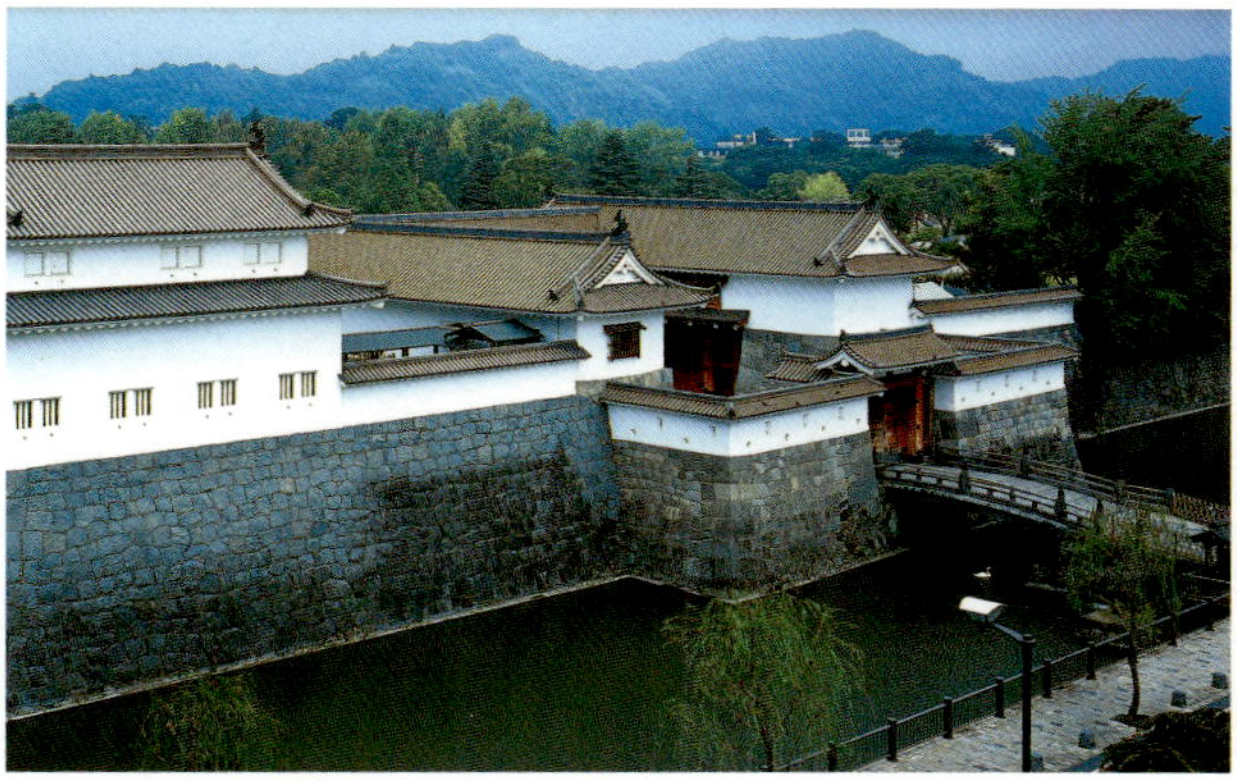

二の丸東御門桝形（静岡市役所提供）
橋を渡り高麗門を入ると左と正面に多門櫓、右に櫓門で桝形を構える。寛永年間（1624 ～ 44）の再建時の姿で復元されている。

●所在地／静岡県静岡市葵区駿府城公園
●交　通／ＪＲ東海道本線静岡駅下車。徒歩 10 分

掛川城天守（撮影／石田多加幸）
嘉永７年（1854）に地震により崩壊後、再建されていなかった天守が、平成６年（1994）に復元された。三重天守は山内一豊が築いた高知城天守を参考に、木造復元されている。

掛川城

築城年／永正十年（一五一三）頃
築城主／朝比奈泰能
主要人物／今川氏真・朝比奈泰朝・山内一豊

河川や低地を利用、水堀や桝形で補強した城

永正十年（一五一三）頃、朝比奈泰能が竜頭山に築いた城に始まる。天正十八年（一五九〇）には山内一豊が入り、近世城郭として整備した。河川や低地を利用し、水堀や桝形で補強される。山内氏の後は、多くの城主が交替して明治維新を迎えた。現在、本丸と二の丸は掛川城公園として整備されている。

平成六年（一九九四）、木造で天守が復元された。同時に大手門や四脚門、土塀、本丸への石段や石垣なども復元がなった。大手門の傍らには、現存する大手門番所も移築された。太鼓櫓と、噴出した霧が城を守るという伝説の霧吹き井戸も残る。また玄関や書院が現存する二の丸御殿は、全国でも数少ない遺構である。

明治期の掛川城二の丸と三の丸（関七郎氏蔵）
明治34年（1901）頃に撮影されたもので、まだ各曲輪の土塁が残っているのがわかる。

●所在地／静岡県掛川市掛川
●交　通／ＪＲ東海道本線掛川駅下車。徒歩５分

浜松城

築城年／元亀元年（一五七〇）
築城主／徳川家康
主要人物／お田鶴の方・徳川家康・松平忠頼・水野忠邦

歴代城主が幕府重職に就いた出世城

元亀元年（一五七〇）、徳川家康は三方ヶ原台地東南の地にある旧曳馬《ひくま》城跡を中心にして、浜松城を築城した。

典型的な平山城で、西北高所に天守曲輪、その東側へ本丸・二の丸と続き、東南に広い三の丸があった。天守曲輪はそう広くはないが、付櫓台を持つ天守台が設けられていた。近世に入ると、歴代城主の多くが幕閣の要職に付いたので、出世城として広く知られる。

現在城跡は、浜松城公園として市民の憩いの場である。天守曲輪や本丸の一部に石垣が残るが、昭和三十三年（一九五八）に、現存天守台上へ三重の模擬天守が建てられた。天守門も、平成二十六年（二〇一四）に復元されている。

浜松城天守と天守門（撮影／石田多加幸）
近年、天守曲輪を護る天守門が復元され、天守台の３分の２の面積を使用して復興された天守も、趣きのある姿に一変した。

明治期の浜松城（浜松市立中央図書館蔵）
野面積の石垣のみであるが、上写真と同じく天守門あたりである。

●所在地／静岡県浜松市中区元城町
●交　通／ＪＲ東海道本線浜松駅下車、１番乗り場バスで市役所南下車。徒歩６分

山中城畝堀（撮影／石田多加幸）
畝のようにみえることから畝掘という。敵が侵入する際は、畝の道上の部分を歩く必要があり、一列縦隊になって進むしかなく、守備側は守りやすく工夫されている。障子掘も同じく、畝の部分が複雑なので、敵の動きが制限される仕組みになっている。

山中城

築城年／永禄年間（一五五八～七〇）
築城主／北条氏康
主要人物／北条氏康・豊臣秀次・間宮康俊・北条氏勝

北条流築城術を駆使した中世の山城

永禄年間（一五五八～七〇）、北条氏康は小田原の西側防備のため「箱根十城」と称する城塞を配備した。その要の一つが山中城である。箱根外輪山の西側斜面、標高五八〇メートルの場所に、障子堀や角馬出に代表される北条流築城術を駆使して築いた。

天正十八年（一五九〇）三月二十九日、豊臣秀次の率いる六万の大軍により攻撃が開始される。城将松田康長ほか守備兵はわずか四千、二時間の戦闘で落城してしまう。そして本城小田原城開城と同時に廃城となった。

現在城跡は、国指定史跡として整備されている。土塁や空堀など多くの遺構が残り、畝《うね》堀や障子堀が見事に復元された。

山中城障子堀（三島市教育委員会提供）
北条氏築城術の粋ともいえる障子堀が見事に復元されている。

●所在地／静岡県三島市山中新田
●交　通／ＪＲ東海道本線三島駅よりバスで山中城跡下車。徒歩３分

吉田城鉄櫓（撮影／石田多加幸）
再建された鉄櫓は鉄櫓台上に模擬櫓を建て、内部は資料館となっている。対岸から見る櫓はなぜか趣きがある。

吉田城

築城年／天正十八年（一五九〇）
築城主／池田輝政
主要人物／徳川家康・酒井忠次・池田輝政

豊川の河岸段丘上に築かれた後堅固の城

中世の今橋城を、天正十八年（一五九〇）に入封した池田輝政が近世城に改修した。縄張は、豊川を背後にした後堅固の城である。本丸を中心にして、二の丸、三の丸、金柑丸を配置した半輪郭式であった。本丸には三重櫓として千貫櫓、辰巳櫓、鉄《くろがね》櫓。二重櫓として入道櫓が建てられていた。鉄櫓は最大の櫓であり、実質的に天守の役割を担っている。近世の吉田城は、東海道の要衝地として重要視されたが、城主は目まぐるしく交代した。明治維新後の明治六年（一八七三）、失火で建物の多くを焼失する。

現在城跡には、昭和二十九年（一九五四）に復元された鉄櫓が建てられている。

吉田城鉄櫓石垣（撮影／加藤理文）

●所在地／愛知県豊橋市今橋町
●交　通／ＪＲ東海道本線豊橋駅下車。徒歩 25 分

犬山城

築城年／天文六年（一五三七）
築城主／織田信康
主要人物／織田信康・石川貞清・平岩親吉・荻生徂徠

木曽川に臨む秀麗で古式な望楼型天守

犬山城は、天文六年（一五三七）に織田信長の叔父信康が、木下城を廃して築いたのだという。木曽川に臨む丘陵の最高所を本丸とし、二の丸、三の丸を配置した梯郭式縄張によるものである。天守の創建には諸説あったが、調査によって、慶長期にこの地で創建されたことが明らかにされた。戦国期には、目まぐるしく城主が交代したが、元和三年（一六一七）、名古屋藩付家老成瀬正成が三万石で入城すると、以来九代に渡り、成瀬氏が明治維新まで続いた。

現在、本丸・二の丸の石垣、空堀と、古式な望楼型天守が現存する。ただし、昭和四十年（一九六五）に復元された本丸鉄門《くろがね》と小銃櫓は、かつてのものを正確に復元した訳ではない。

明治初期の犬山城天守（個人蔵）
山上の天守、その下にあるのは腰曲輪の丑寅櫓、右端は水の手櫓が収められている。天守をのぞく建物は明治９年（1876）から20年にかけて払い下げられ、取り壊された。

●所在地／愛知県犬山市大字犬山字北古券
●交　通／名鉄犬山線犬山遊園駅下車。徒歩 10 分

犬山城天守遠望（撮影／加藤理文）
犬山城を見た江戸中期の儒学の泰斗・荻生徂徠が、中国長江の白帝城をうたった李白の詩を連想したことからこの城のことを白帝城と呼んだともいわれる。その名の通り、滔々と流れる木曽川を臨む壮麗な天守の姿は、４世紀の時のうつろいを忘れさせる。国宝に価する歴史的景観を一度は訪ねてほしい。

名古屋城

築城年／慶長十五年（一六一〇）
築城主／徳川家康
主要人物／織田信長・徳川義直・加藤清正・中井正清・徳川慶勝

豊臣大坂城を睨み、天下普請で築かれた城郭

徳川家康は、大坂城への備えとして慶長十四年（一六〇九）に尾張の旧那古野城跡に新城を計画した。諸大名二〇家に助役を命じ、天下普請として工事を開始、同十九年に完成させている。縄張りは、本丸を中心に、二の丸・西の丸・御深井丸・三の丸を配した輪郭式縄張である。その後明治維新まで、徳川御三家筆頭尾張家の居城として続いた。

しかし城は、昭和二十年（一九四五）の米軍大空襲で灰燼に帰してしまう。そして昭和三十四年、天守台跡に、外観を復元した天守が再建された。

現在は、東南・西北・西南の隅櫓三つと、本丸表二の門・石垣・堀が現存している。何れも重要文化財に指定されたもの。御深井丸にある西北隅櫓は、清洲城士櫓の移設ともいわれる。また、戦災で焼失した本丸御殿の復元工事も始まり、玄関と表書院が公開中。御殿全体の公開は、平成三十年（二〇一八）度の予定だという。

名古屋城空撮（撮影／中田真澄）
東側から見た名古屋城。北側を囲む外堀、手前左手が二の丸、中央の天守を囲む一帯は本丸。

●所在地／愛知県名古屋市中区本丸
●交　通／ＪＲ東海道本線名古屋駅よりバスで名古屋城正門前下車

名古屋城本丸天守と未申櫓（撮影／加藤理文）
未申櫓（西南隅櫓）は慶長 17 年（1612）頃建造され現存する重要文化財である。

名古屋城の見どころ

金の鯱鉾で有名な名古屋城であるが、御三家・尾張徳川家の威信をかけて築かれた天下普請の城だけあって、その規模も江戸城・大坂城と並ぶ最大級のものである。天守においては総床面積では江戸城天守を凌ぐ大きさであった。太平洋戦争時の空襲で焼失したが、昭和34年(1959)に外観復元されその威容を体感することができる。古写真にも多く残されているので往時を偲ぶことはできよう。他に東南隅櫓、西北隅櫓、西南隅櫓、表二の門、二之丸大手二之門、旧二之丸東二之門が建築物として現存、石垣も良好に保存されている。

明治初期の名古屋城本丸天守と未申櫓
（『国宝史蹟 名古屋城』所収）
天守と未申櫓の間にあった多門櫓（具足多門）が連なり、名古屋城本丸の威容をよく伝える写真である。

名古屋城天守（撮影／竹重満憲）
五重五階、地下一階の層塔型天守の威容を伝える天守である。

岡崎城天守（撮影／加藤理文）
天守は明治初期に廃城令により破却されたが、昭和 34 年（1959）外観復元された。

岡崎城

築城年／天正十九年（一五九一）
築城主／田中吉政
主要人物／松平清康・徳川家康・松平信康・田中吉政

徳川家康誕生の城は、度重なる増築で巨大化

康正元年（一四五五）頃、三河守護代、西郷稠頼《つぐより》が築いたものといわれる。その後松平氏が攻略し、以来松平氏の根拠地となった。天文十一年（一五四二）、この城で松平広忠に嫡子が誕生する。後の徳川家康である。岡崎城は当初は小さい城であったが、田中吉政による大規模な整備拡張、そして近世に入って度重なる曲輪の増築によって巨大化していった。

現在、岡崎城の本丸と二の丸の跡は岡崎公園となっている。石垣、土塁、天守台などの残る本丸には、昭和三十四年（一九五九）にコンクリートの三重天守と付櫓、井戸櫓が外観復元された。天守内部は五階建て、岡崎の歴史を紹介する資料館である。

天守の手前には、巽櫓を模した施設の巽閣もある。城内には家康産湯の井戸があり、大手門は、平成五年（一九九三）に本来の場所から少し離れたところに建てられた。東隅櫓も、同二十二年に望楼型の二重櫓として、木造で復元されている。

明治初期の岡崎城天守（岡崎市教育委員会蔵）
天守の付櫓はすでになく、天守台の西と北を囲んでいた土塀が見える。

●所在地／愛知県岡崎市康生町
●交　通／名鉄名古屋本線東岡崎駅下車。徒歩 10 分

関西・中国の城

大坂城

伊賀上野城

藤堂高虎が築いた高石垣を持つ未完の城

築城年／天正十三年（一五八五）
築城主／筒井定次
主要人物／筒井定次・筒井玄蕃・藤堂高虎

筒井定次が高丘山頂（現在の城代屋敷跡）に本丸を置き三重天守をもつ城を築いた。慶長十三年（一六〇八）、筒井氏改易により、築城の名手と呼ばれ家康からの信任も厚い藤堂高虎が入封。本丸を西へ拡張し、西側に高さ一五間・長さ一八六間の高石垣を巡らすなど、大坂に残る豊臣方との有事に備えた。高虎は、本丸全体を高石垣で囲むことを計画していたが、工事途中に豊臣家が滅亡、未完の状態で中断せざるを得なかったという。現在模擬天守（昭和五十九年復興）の建つ天守台上には、五重天守が造営されたが、完成間近の慶長十七年暴風雨により倒壊し、以後再び築かれることは無かった。

明治後期の二の丸西大手門（福井健二氏蔵）
明治 40 年（1907）まで使用され、その後取り壊された。正面に向けてコの字型に続櫓を設ける形式は伊賀上野城独特のものであった。

伊賀上野城天守（撮影／加藤理文）
現在見られる天守と小天守は昭和 10 年（1935）、遺構の天守台に木造で築かれた模擬的建造物である。藤堂高虎の時代に五重天守が計画されたが建築中に暴風雨で倒壊し、その後建てられることはなかった。

●所在地／三重県伊賀市上野丸之内
●交　通／伊賀鉄道上野市駅下車。徒歩 10 分

津城

一〇〇mを越える内堀に囲まれた高虎の居城

築城年／慶長十六年（一六一一）
築城主／藤堂高虎
主要人物／滝川一益・織田信包・お市の方・茶々・江・藤堂高虎

天正八年（一五八〇）、織田信長の弟信包が伊勢支配の拠点とし五重天守を造営。しかし、関ヶ原合戦の戦火によって焼失してしまう。

慶長十三年（一六〇八）、伊予今治より藤堂高虎が入封、城の大改修と海岸線を通っていた参宮道を城下に引き込み、伊勢参拝の宿場町として城下町の再整備を実施した。広大な水堀に囲まれた本丸・二ノ丸は、浮島のようであった。本丸に天守は再建されず、四周を多聞櫓で囲み、二カ所の虎口は厳重な内桝形を採用。土橋で接続する二ノ丸は馬出の役目を担う曲輪であった。徹底的に無駄を削ぎ落とした城は、高虎の真骨頂で幕府系城郭の代表例である。現在は、本丸と二ノ丸、内堀の一部が残り、模擬櫓が再建されている。

明治初期の本丸（樋口清砂氏蔵）
東北側から見た本丸丑寅隅櫓。右端は戌亥隅櫓。千鳥破風のない簡素な様式だが、外壁一部に海鼠壁が使われている。明治 18 年（1885）払い下げられ、取り壊された。

津城高石垣（撮影／加藤理文）
かつて広大な水堀に囲まれていた城の面影を残す水堀と高石垣。

●所在地／三重県津市丸之内
●交　通／近鉄名古屋線津新町下車。徒歩 15 分

亀山城本丸多門櫓（撮影／加藤理文）
以前は櫓の壁面が下見板張りだったが、平成の復元修理で現在は白漆喰壁に修復されている。県内唯一の城郭建築として県の史跡に指定されている。

亀山城

築城年／天正十八年（一五九〇）
築城主／岡本宗憲
主要人物／蒲生氏郷・堀尾忠晴・本多俊次

鈴鹿峠を控えた要衝の地に築かれた居城

天正十八年（一五九〇）、豊臣配下の岡本宗憲が城主となり、城の修築に着手し、新たに天守を築き上げた。寛永九年（一六三二）頃に、丹波亀山城天守の破却を命じられた松江城主堀尾忠晴は、同じ亀山であったため伊勢亀山城と間違え、天守を取り壊してしまったと伝えられる。

江戸期に入ると、上洛する将軍宿所として利用されることが多く、城主居館は二の丸に置かれた。寛永十三年本多俊次が大改修を実施、その後本丸北端に三重櫓を構え天守代用とした。現存する多門櫓が下見板から江戸期の漆喰壁の姿に復され、平成二十五年に完成した。また、二の丸北帯曲輪が幕末期の姿に整備復元されている。

明治初期の本丸三重櫓（亀山市歴史博物館蔵）
天守が寛永９年（1632）に誤って破却されたため、寛永 18 年に建てられ、天守の代用とされた三重櫓。

●所在地／三重県亀山市本丸町
●交　通／ＪＲ関西本線亀山駅下車。徒歩 10 分

松坂城中御門跡（撮影／加藤理文）
建築物は残されていないが、荒々しく豪壮な石垣に戦国の遺風を感じることができる。稀代の名将・蒲生氏郷の手による城としても貴重な遺跡である。

松坂城

築城年／天正十六年（一五八八）
築城主／蒲生氏郷
主要人物／蒲生氏郷

蒲生氏郷がリサイクルで築いた豪華絢爛な城

天正十二年（一五八四）、一躍十二万三千石の大名となった蒲生氏郷が、松ヶ島城を廃し築き上げた新城である。

城は、北を流れる坂内川、南の愛宕川を外堀とし、中央部に位置する標高三五メートルの独立丘陵を南北に分割し、北を城域とし、南の鎮守・八幡宮は、手を加えることなく据え置いている。主要部は、総石垣とし、特に重要地点には一〇メートルを越える高石垣が構えられた。要所に櫓を配し、複雑な桝形虎口を連続させ、折れを多用するなど強固な防備を誇っている。天守は、正保元年（一六四四）に大風により倒壊したため、記録は残されていない。本丸下段、二の丸からは、市内が一望され、遠くにきらめく伊勢湾も視界に入る。

明治初期の裏門（松阪市教育委員会蔵）
本来は大規模な櫓門であったが、損壊した後に茅葺屋根が仮設された状態。門前に立つ人々の姿から、巨大さがうかがわれる。

●所在地／三重県松阪市殿町
●交　通／ＪＲ紀勢本線松阪駅よりバスで市民病院前下車

安土城

築城年／天正四年（一五七六）
築城主／織田信長
主要人物／織田信長・ルイス・フロイス

覇王信長が築き上げた天下統一のシンボル

天正四年（一五七六）、今まで見たこともない未曾有の城の工事が琵琶湖畔で開始された。完成した城は、統一のシンボルとなり、最高所に天主と呼ばれる高層建築物が建っていた。外観五重、内部は地上六階、地下一階で信長の居住空間の一部として築かれ、外観・室内共に、金閣・銀閣を凌ぐ豪華絢爛な姿であった。余りの壮麗さに宣教師を始め、民衆までもが狂喜し、見学者が全国から集まったという。天下布武の拠点となった、我が国初の総石垣の城は、本能寺の変の混乱の最中炎上し灰燼に帰してしまう。信長と運命を共にした短命の城を人々は、「夢幻の城」と呼んだ。

現在、整備工事が完了し、天主台や黒金門の石垣、直線の大手道など見所が多い。

安土城空撮（滋賀県教育委員会提供）
本丸が設けられた安土山の全景。手前幅の広くなっている部分の中央に「天主」はあった。山の姿は現在も変わらない。

安土城天主入り口（撮影／加藤理文）
平成元年（1989）から平成20年まで発掘調査・整備が行われ、大手道、天主台などが整備された。それにより現在は往時を偲ぶ一部の遺跡に触れることができる。

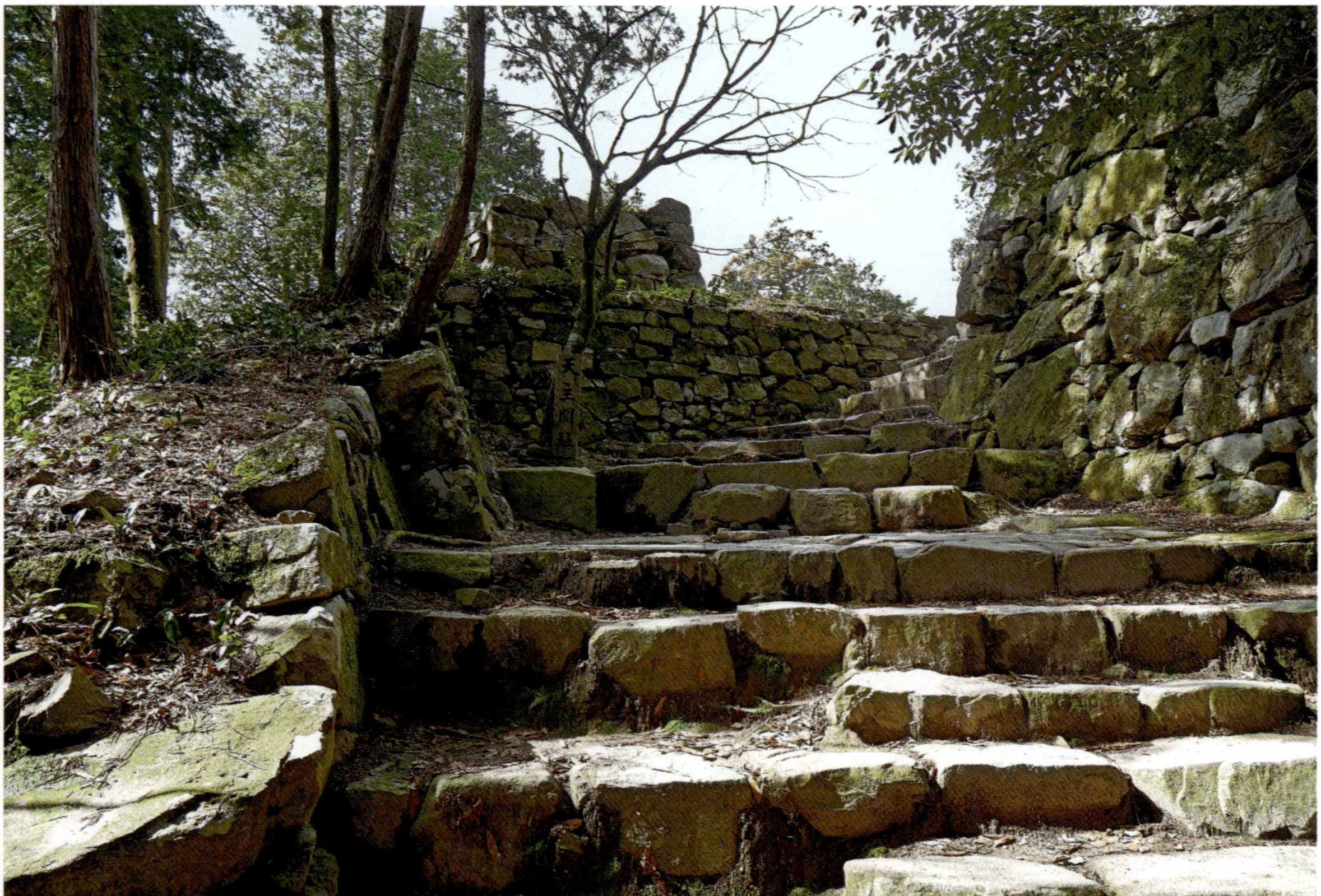

●所在地／滋賀県近江八幡市安土町
●交　通／ＪＲ東海道本線安土駅下車。徒歩20分

水口城

家光が、上洛の際の宿館として築かせた城

築城年／寛永十二年（一六三五）
築城主／徳川幕府
主要人物／徳川家光・小堀遠州

寛永十二年（一六三五）将軍家光上洛の際の宿所として「御茶屋」が、東海道の宿場町水口に築かれた。御茶屋とは言いながらも、将軍宿舎であったため、本格的な近世城郭の体裁であった。街道の要衝に位置するため、幕府の番城的色彩も強く、本丸東側には二の丸が付設されている。作事奉行は、小堀遠州で、四周は石垣と水堀で囲まれ、四隅には二重櫓も設けられていた。後に、城代が置かれたが、天和二年（一六八二）二万石の水口藩が成立し、明治に至っている。

旧本丸は、水口高校の運動場となり、本丸北東部に乾矢倉の櫓台石垣が現存。大手虎口出丸の水口城資料館の建物は旧乾矢倉を民家から再移築し復興したものである。

水口城空撮（甲賀市水口町立歴史民俗資料館提供）
現存する建物はないが、本丸水堀は残され概要をうかがうことができる。本丸御殿は将軍宿泊のために使われ、城主は二の丸に居住した。

水口城本丸（撮影／加藤理文）
平成３年（1991）に模擬建築物の角櫓が建造され、水口城資料館として利用されている。

●所在地／滋賀県甲賀市水口町本丸
●交　通／近江鉄道水口城南駅下車。徒歩 10 分

彦根城

天下普請で築かれた徳川四天王の居城

築城年／慶長八年（一六〇三）
築城主／井伊直継、直孝
主要人物／木俣守勝・井伊直弼

関ヶ原合戦後、石田三成旧領十八万石を得た井伊直政は、佐和山城を廃し新城彦根城の建設に取りかかった。工事は、十二大名に役夫を割り当てる天下普請で実施され、直政亡き後、築城工事は直継、直孝に引き継がれ完成を見た。山頂中央部に本丸を置き、西に西の丸と観音台、東に太鼓丸と鐘の丸がほぼ一列に配されていた。本丸北西隅に天守・付櫓、東北隅に二重櫓が置かれた。国宝の天守は、三重三階の装飾性に富んだ外観で、入母屋破風、切妻破風、軒唐破風を採用、一重目が下見板張の突上戸に対し、二重目、三重目は白漆喰の大壁に華頭窓となっている。最上階には廻縁と高欄が付設されているが、あくまで装飾であって、外周を廻ることは出来ない。

彦根城空撮（撮影／中田真澄）
彦根山の全景。後方の琵琶湖に向かって山が狭まり、右手に曲がるあたりの麓、現在の金亀公園のあたりまで、かつては琵琶湖の水辺であった。湖、河川、山を大いに利用したことがよくわかる。

●所在地／滋賀県彦根市金亀町
●交　通／ＪＲ東海道本線彦根駅下車。徒歩 15 分

彦根城天守
（撮影／松井久）
スケールこそ巨大城郭には劣るものの、続櫓・多門櫓を下に連ね、複雑に組み合わされた多様な破風が織りなす流麗な姿は工芸品の趣を持ち、国の宝と呼ぶにふさわしい。

彦根城佐和口多門櫓（撮影／松井久）
手前の二重櫓と左に伸びる多門櫓の部分は昭和 35 年（1960）に復元されたもので、奥の二重櫓から左の部分が明和８年（1771）に建てられた現存建築で国重要文化財となっている。

彦根城の見どころ

彦根城は国宝天守を筆頭に、国重要文化財に指定されている建築物が５棟残っている。また昭和 62 年（1987）に復元された表御殿や庭園・玄宮園なども存在し、近世城郭としての往時の姿をよく伝えているところが最大の見どころであろう。また、彦根城博物館には彦根城の当主、勇猛で鳴らした井伊家代々の遺品が多く保存されている。トレードマークの「赤備え」で知られる代々の鎧は見応え十分である。

彦根城天秤櫓
（撮影／松井久）
空堀から見上げた天秤櫓。慶長期に建てられた重要文化財である。

長浜城

築城年／天正二年（一五七四）
築城主／羽柴秀吉
主要人物／羽柴秀吉・柴田勝豊・山内一豊・内藤信成

羽柴秀吉が初の国持ち大名となって築いた城

天正元年（一五七三）浅井氏滅亡後、織田信長は羽柴秀吉を大抜擢し「江北浅井跡一職」（北近江三郡）を与えた。秀吉は、領国支配のため、琵琶湖岸の今浜の地に新城築城を開始。翌二年に開始された築城工事には、近郊の農民、奉公人、土豪、僧侶、商人までもが動員された。同三年の終わりから四年の初め頃には完成し、小谷から城下町を含めて移転している。完成した城は、信長の「長」を拝領し、長浜城としたと伝わるが真偽の程は定かではない。

城は、内堀・中堀・外堀の三重の堀で囲まれ、これらの堀には琵琶湖の水が引き込まれていた。主要部は琵琶湖に突出した砂州上に設け、広大な規模の内堀が廻る。本丸の中央部に天守台があったと言われる。

長浜城城空撮（長浜城歴史博物館蔵）
現在の長浜城は、昭和58年（1983）に市民の寄付金などで建設され、内部は歴史博物館となっている。

長浜城模擬天守（撮影／石田多加幸）
安土桃山時代の天守を模して造られた三重天守。

●所在地／滋賀県長浜市公園町
●交　通／ＪＲ北陸本線長浜駅下車。徒歩７分

八幡城

築城年／天正十三年（一五八五）
築城主／豊臣秀次
主要人物／豊臣秀次・京極高次・日秀尼

安土から近江の拠点を引き継いだ秀次の居城

天正十三年（一五八五）、豊臣秀吉は、甥・秀次に四十三万石を与え、八幡山（鶴翼山）に築城を命じた。築城工事は、織田信長の安土城に残る建物・城下町をことごとく移築する形で進められ、住民の多くも移住させた。

八幡山山頂を本丸とし、山麓に居館を築いた。本丸は、ほぼ長方形で、入口は桝形虎口となる。天守が存在した可能性は高く、曲輪角地に築かれたと推定。北方には北之丸が、さらに本丸桝形の前方には二之丸が配された。南山腹の居館跡は、数段の石垣で築かれ、さらに正面虎口の石垣は、巨石を利用した高石垣で、城内屈指の壮大な造りとなっている。居館から琵琶湖に直結する堀があり、舟入として利用されていた（八幡城は八幡山城ともいう）。

八幡堀より八幡城遠望（撮影／石田多加幸）
八幡堀は八幡山の麓の八幡町の外を囲むように琵琶湖から湖水を引いて防御とし、運河としても利用された。

八幡城空撮（近江八幡市教育委員会提供）
標高 283 メートルの鶴翼山山頂に本丸が築かれた。

●所在地／滋賀県近江八幡市宮内町
●交　通／ＪＲ東海道本線近江八幡駅より近江鉄道バス長命寺行きで大杉町下車。徒歩５分

二条城

築城年／慶長七年（一六〇二）
築城主／徳川家康
主要人物／徳川家康・徳川秀忠・徳川家光・徳川慶喜・後水尾天皇・豊臣秀頼

江戸幕府の成立と滅亡の舞台となった城

慶長七年（一六〇二）徳川家康が、征夷大将軍参賀の礼のため築城。寛永三年（一六二六）には、後水尾天皇行幸に合わせ、大規模な拡張が実施され、北側に本丸、南に二の丸を持つ現在の姿が完成を見た。城は、典型的な回字形の平城で、本丸南西隅に五重天守、北西隅に三重櫓、東側角地二ヶ所に二重櫓を配し、多聞櫓で囲み込む姿であった。慶応三年（一八六七）、最後の将軍・慶喜は二条城大広間で大政奉還を宣言、幕府の城としての使命を終えた。現存する二の丸御殿は、寛永創建以来の遺構が残り、往時の将軍の生活を目の当たりに出る極めて貴重な建物群（遠侍、式台、大広間、黒書院、白書院）で国宝に指定されている。

二条城空撮（撮影／中田真澄）
外堀で囲んだ方形の郭は二の丸。二の丸の中に内堀で囲まれて本丸が配されている。本丸西南隅には天守台が残る。

●所在地／京都府京都市中京区二条城
●交　通／ＪＲ東海道本線京都駅よりバスで二条城前下車

二条城二の丸御殿唐門（撮影／石田多加幸）
前後に優美な軒唐破風を備えた桧皮葺屋根の四脚門。平成二十五年（二〇一三）に修復され、まばゆいばかりの往時の輝きが蘇った。

二条城二の丸御殿と車寄と遠侍（撮影／石田多加幸）
国宝二の丸御殿の顔とも言える部分で、将軍の居館にふさわしい雄大な構えを見せる。遠侍は謁見に来た大名の待合室である。

二条城二の丸御殿大広間（国宝）（元離宮二条城管理事務所提供）
二の丸御殿の中心となる広間で、最も高い格式を誇る。十五代将軍徳川慶喜が大政奉還を奏聞した、歴史の舞台でもある。

二条城の見どころ

二条城は将軍の京都の居城、また天皇行幸の城として築かれたため、実戦目的の城郭ではなく、居館として、また儀式の場であることが大きな特徴である。したがって櫓や城門ではなく、現存する数少ない城郭御殿建築でもある国宝二の丸御殿が見どころである。特に雁行に連なる車寄・遠侍・式台・大広間・蘇鉄の間・黒書院・白書院の中に展開する絢爛優美な襖絵群は、二条城美術館とも言うべきものである。また明治期に本丸に移築された桂宮邸も、宮家の屋敷の貴重な遺構である。

二条城天守台（撮影／加藤理文）
二条城創建当初は伏見城から移築されたと伝えられる五重天守がそびえていたが、寛延三年（一七五〇）落雷のため焼失した。

福知山城遠望（撮影／石田多加幸）
横山丘陵の小高い突端部に築かれた福知山城は、手前に由良川、背後を山々に囲まれた天然の要害である。

福知山城

築城年／天正七年（一五七九）
築城主／明智光秀
主要人物／明智光秀・羽柴秀勝・有馬豊氏

明智光秀が築いた丹波攻略の拠点

天正七年（一五七九）頃、明智光秀が丹波北部攻略の拠点として築き、甥の秀満が最初の城主となっている。明智家滅亡後は、羽柴秀吉配下の杉原家次が入城した。関ヶ原合戦後（一六〇〇）有馬豊氏が入城し、大規模な拡張工事を実施し、現在見られる城の原型が完成した。

市街地を一望する丘陵の先端地に位置し、臥龍城とも呼ばれる。大正五年（一九一六）二ノ丸登城路付近にあった銅門番所が天守台に移築されたが、昭和六十年（一九八五）絵図に基づき天守小天守が復興された。天守台には、宝篋印塔・五輪塔などの転用石材が数多く確認され、その紀年銘から、天守台石垣の一部が明智時代に遡ることも判明した。

福知山城天守（撮影／石田多加幸）
資料をもとに、遺された天守台上に昭和60年（1985）に築かれた復興天守。数多くの天守の復元・復興に尽した藤岡通夫博士が設計した。

●所在地／京都府福知山市内記
●交　通／ＪＲ山陰本線福知山駅下車。徒歩15分

田辺城本丸櫓門（撮影／石田多加幸）
舞鶴湾の最奥部に位置し、関ヶ原戦時には長期の籠城戦に耐えた堅固な城であったが、城郭はほとんど跡をとどめていない。現在見られる櫓門・隅櫓は昭和と平成に復興されたもので、位置もかつての城郭に符合するものではない。

田辺城

築城年／天正七年（一五七九）
築城主／細川忠興
主要人物／細川幽斎・京極高三

五十日余の籠城戦に耐え抜いた丹後の堅城

関ヶ原合戦で東軍に加勢した細川氏に対し、西軍一万五千の大軍が田辺城を包囲した。籠城戦を指揮したのは、隠居した細川幽斎であった。籠城戦が五十日余に及ぶと「古今伝授の書」を後陽成天皇に献上。古今伝授継承者の戦死を憂いた天皇が仲介し城は開城した。その後、一国一城令によって、破却されたが、京極高三が初代藩主となり二の丸を中心に再興。南に御殿、北に二重櫓、城内に五基の櫓門が建てられた。その後、牧野氏によって改修を受け、以後維新まで存続した。現在、舞鶴公園として昭和十五年（一九四〇）復興の二重櫓と、平成九年（一九九七）復興の城門が建つ。古式を伝える天守台も整備されたが、堀はすべて埋め立てられてしまった。

田辺城本丸隅櫓（撮影／石田多加幸）
内部は彰古館という郷土資料館として利用されている。

●所在地／京都府舞鶴市南田辺
●交　通／ＪＲ舞鶴線西舞鶴駅下車。徒歩４分

大坂城

築城年／天正十一年（一五八三）
築城主／豊臣秀吉、徳川幕府
主要人物／豊臣秀吉・淀・豊臣秀頼・真田幸村・徳川家康・徳川家光・徳川慶喜

徳川天守台に建つ秀吉時代を復興した天守

天正十一年（一五八三）、天下統一の本拠とすべく、羽柴秀吉が築城。信長の安土城を凌駕する城と天守を築き、名実共に織田政権の後継者であることを誇示し、豊臣政権の絶対性と安定性を天下に示そうとしたのである。

豊臣氏滅亡後の元和六年（一六二〇）、天下普請で再興。幕府は、全てにおいて豊臣大坂城を凌駕することで、徳川の世の到来を西国諸大名及び大坂周辺の住民に見せ付けようとした。まず天守の位置を北東隅から北西寄りに変え、外観も漆黒の望楼型から、層塔型の白亜の姿に変化させた。その高さは、豊臣天守を二〇メートルほども上回る巨大な規模となった。初重平面規模も、約二七坪も大きくなっている。城下から眺めれば、豊臣大坂城を地下に埋めその上に盛土して、さらに曲輪石垣高も倍する規模となったため、豊臣天守を遥かに凌ぐ超巨大天守に感じたはずである。

昭和六年（一九三一）天守が復興。平成九年（一九九七）に、登録有形文化財に認定。

●所在地／大阪府大阪市中央区大阪城
●交　通／ＪＲ大阪環状線大阪城公園駅下車。徒歩 10 分

大坂城遠望（撮影／中田真澄）
外堀に面して屏風折れ状に連なる二の丸高石垣の雄大さがひときわ目をひく。

大坂城天守（撮影／松井久）
昭和６年（1931）に再建された現天守。土台は徳川大坂城の天守台であるが、姿は「大坂夏の陣図屏風」に描かれた豊臣大坂城の再現を試みたもの。初の鉄骨鉄筋コンクリート造りの天守で、後の復興天守群の先駆となった。今では独創的近代建築物として重要な価値を持つ。

大坂城二の丸高石垣（撮影／石田多加幸）
往時には７基の櫓が連なり幕府の武威を誇っていた。現在は写真中央の六番櫓のみが現存し国指定重要文化財となっている。

大坂城の見どころ

浄土真宗中興の祖・蓮如の石山御坊にはじまり、信長と十年におよぶ抗争をくりひろげた難攻不落の城塞・石山本願寺、そして豊臣大坂城から大坂の陣を経て徳川大坂城へと、大坂城の地は戦国史の中心的舞台であった。現在遺る徳川大坂城の威容を体感するのはもちろんのことだが、城地の下に眠るさらに昔の遺構に思いを馳せることも、大坂城の大きな楽しみ方であろう。現在の天守も、復興天守の先駆けであり、また建設資金が全額大阪市民の寄付金によったことを思うと、感慨深く見ることができるのではないだろうか。

大坂城本丸桜門の蛸石
（撮影／中井均）
備前犬島から運ばれたと推定される城内最大の巨石「蛸石」。高さ 5.5 メートル、横幅 11.7 メートル。蛸石の他にも石垣には花崗岩の並外れた巨石がふんだんに使われており、これは大坂城独特のものである。

岸和田城本丸と船着場（撮影／石田多加幸）
城内の建築構造物は残存せず、堀と石垣のみが江戸期のものである。現在の模擬天守は昭和 29 年（1954）に建造されたもので、江戸期の天守は五重だったと伝えられる。

岸和田城

築城年／天正十三年（一五八五）
築城主／小出秀政
主要人物／中村一氏・豊臣秀吉・小出秀政・松平信吉

大坂と和歌山の中間点に位置し重視された城

雑賀・根来衆徒に対する備えとして、中村一氏が築城。その後、天正十三年（一五八五）小出秀政が入城して、本格的な城へと大改修を実施し、この時天守が築かれたという。

さらに寛永十七年（一六四〇）入城した岡部宣勝が、東に二重、西に一重の外堀と浜の石垣を築くなどの改築を行い、面目を一新した。文政十年（一八二七）天守が焼失し、以後再建されることは無かった。

本丸及び二の丸の石垣と堀が現存。昭和二十九年（一九五四）に鉄筋コンクリート造で天守が復興され、その後本丸櫓門、隅櫓、土塀なども復興。本丸に作庭された八陣の庭は、砂庭式枯山水庭園で重森三玲の設計。国の名勝に指定されている。

昭和初期の岸和田城（岸和田市史編纂室提供）
廃城後の明治 7 年（1874）頃、城内の建物は払い下げ、取り壊された。

●所在地／大阪府岸和田市岸城町
●交　通／南海電気鉄道南海本線蛸地蔵駅下車。徒歩 10 分

明石城本丸坤櫓と巽櫓（撮影／石田多加幸）
明石城に現存する２棟の櫓。江戸時代初期に建てられたもの。坤櫓は伏見城から移築されたものとみられる。

明石城

築城年／元和四年（一六一八）
築城主／小笠原忠真
主要人物／小笠原忠真・松平忠国・松平信之

水陸交通の要衝を押さえた西国大名牽制の城

海岸線近くまで張り出した丘陵を利用した平山城で、本丸・二の丸・東の丸が一列に丘陵上に立地し、西に一段下がって稲荷曲輪が設けられている。中心部の南麓には広大な三の丸が配置され、東側を東丸、堀に囲まれた西側部分は居屋敷と呼ばれていた。本丸の西南に五重の規模を持つ天守台が残るが、遂に天守が築かれることなく、四隅に巽櫓、坤櫓、乾櫓、艮櫓が構えられた。

現在、明石公園として開放、石垣の他本丸巽櫓と坤櫓が現存。阪神淡路大震災の罹災復興に際し、両櫓を結ぶ土塀が復元された。共に、清楚な趣で外観も共通意匠を持つ三重櫓であるが、最上階の妻側と平側の向きを替えることで単調になることを防いでいる。

明治期の明石城三の丸太鼓門
（文化財建造物保存技術協会蔵）
手前に高麗門、右奥は櫓門で桝形を形成している。高麗門の左奥に三重の巽櫓が見える。

●所在地／兵庫県明石市明石公園
●交　通／ＪＲ山陽本線明石駅下車。徒歩５分

姫路城

築城年／天正八年（一五八〇）
築城主／羽柴秀吉、池田輝政
主要人物／赤松貞範・黒田重隆・豊臣秀吉・池田輝政

白亜の外観が甦った世界遺産の城

天正八年（一五八〇）中国攻めの拠点として羽柴秀吉が築城。この時、三重天守が築かれた。慶長五年（一六〇〇）入封した池田輝政は、城の大改修を九年の歳月を費やし実施。本丸・二の丸などのほか、現在残る連立式天守群を完成させる。その後、本多氏が西の丸を造営し、今に残る城の姿が完成した。中堀以内のほとんどの城域は特別史跡で、現存建築物の内、天守・小天守・渡櫓等八棟が国宝、七四棟の各種建造物（櫓・渡櫓二七棟、門一五棟、塀三二棟）が重要文化財にそれぞれ指定されている。

国宝の天守は、五重六階地下一階で、天守と三基の三重小天守（東小天守・西小天守・乾小天守）が二重の渡櫓で接続する最新鋭の連立式天守である。内曲輪を取り囲むように構えられた中曲輪の石垣と堀も建物は失われたが、北勢隠門から東廻りに市ノ橋御門、車門、埋門、鵰門、総社門、内京口門等旧状を良く留め、城域の広さが実感される。

●所在地／兵庫県姫路市本町
●交　通／ＪＲ山陽本線姫路駅下車。徒歩 15 分

姫路城空撮（撮影／中田真澄）
城山を囲み水をたたえる内堀、それを一回り大きく囲むのが中堀、外堀がさらにを囲む。中堀までは江戸期の城郭の姿をよく留めている。

姫路城天守群（撮影／加藤理文）
大天守と小天守群で構成する華麗な天守曲輪は、まさに城郭建築の至宝といえよう。この姿が 400 年の時を超え現在に遺されているのは、奇跡に近い。

姫路城遠望（撮影／加藤理文）
大手側から見た天守と西小天守。右の櫓は太鼓櫓、左は「り」の一渡櫓、手前の塀は上山里曲輪に巡らされたもの。

姫路城の見どころ

何といっても白鷺城とも呼ばれる美麗な天守群と、付属する櫓や塀が織りなす建築物群の美しさを堪能すべきであろう。これだけの美観を誇り、かつ建物群が迷宮のように複雑に構成されている様子を見ると、建築主の池田輝政は実戦における意味よりも、城郭の機能を美しく見せることに腐心したのではないかと思わせる。いずれにせよ、近世初頭の一時期に量産されたに過ぎない近世城郭建築の精華を代表するものであり、世界文化遺産の名に恥じない遺跡である。

姫路城「は」の門土塀
（撮影／中井均）
「ろ」の門から「は」の門に向かう上り道の右側の土塀には、鉄砲や弓矢の射撃用の三角・長方形の狭間が見える。

姫路城空撮（撮影／中田真澄）
左手前の広場となっている三の丸には城主の御殿が存在した。その上部に見える西の丸は、本多忠政の入府後、鷺山を削り増築された。

明治期の姫路城（兵庫県立歴史博物館蔵）
城内には明治初期には県庁が置かれたが、その後は歩兵連隊の駐屯地となり、兵営を建設するために三の丸の建築物は取り壊されてしまった。

姫路城菱の門（撮影／松井久）
姫路城最大の規模を誇る門で、本丸への正面入り口となる。二階にあしらわれた華頭窓が、寺門のような雰囲気を醸し出している。

姫路城大天守地階（撮影／松井久）
穴蔵と呼ばれる地階の内部。台所・流し台・厠が備えられている。

篠山城

高石垣で囲んだ、天下普請の大要塞

築城年／慶長十四年（一六〇九）
築城主／徳川家康
主要人物／松平康重・藤堂高虎・池田輝政

慶長十四年（一六〇九）、京・大坂から山陰・山陽へ通じる街道を押さえるために「天下普請」で築かれた。城主に家康の実子松平康重を入れ、普請総奉行に池田輝政、縄張奉行に藤堂高虎を命じている。高石垣の本丸、二の丸は、多聞櫓で囲まれ、要所に二重櫓、三重櫓が配されていた。天守は無くとも、厳重な防備を有す一大要塞が完成したのであった。

篠山城には、堀とともに本丸、二の丸の石垣がよく残る。天守台も現存している。さらに平成十二年（二〇〇〇）、二の丸にあった大書院が、復元された。入母屋造で柿葺きの大書院は、二条城二の丸御殿に匹敵する大きな建物である。内部は公開されており、篠山城や篠山藩の史料が展示されている。

大正期の二の丸（個人蔵）
焼失前の大書院の屋根が見える。巨大な高石垣は見るからに堅牢さを感じさせる。

二の丸大書院（撮影／石田多加幸）
平成 12 年（2000）に復元された大書院。二条城二の丸御殿にも比肩する規模を持つ。

●所在地／兵庫県篠山市北新町
●交　通／ＪＲ福知山線篠山口駅より篠山営業所行きバスで二階町下車。徒歩３分

赤穂城

築城年／慶安元年（一六四八）
築城主／浅野長直
主要人物／池田長政・山鹿素行・浅野長直・浅野長矩・大石内蔵助

江戸軍学を実際に形にした初の城

正保二年（一六四五）浅野長直が、幕府から新城構築の許可を得、完成させた瀬戸内海を取り込んだ海城である。築城工事は、甲州流軍学者小幡景憲の門弟・近藤正純や山鹿素行も加わり、実に十三年の歳月を費やし寛文元年（一六六一）に完成を見た。横矢掛の屈曲を多用した出入りの激しいラインが特徴で、本丸の形は、まるで星形にもヒトデのようにも見える。二の丸も同様の特徴を持つが、曲線をした石垣、海へ突出した櫓など、城内からの死角は存在しないがごとしであった。昭和五十七年（一九八二）より、本丸・二の丸の本格的整備が開始され、本丸門等が復元、池泉庭園が整備、水手門や船着場の石垣等が復元修理され、往時の姿が甦った。

明治初期の赤穂城三の丸大手門
（個人蔵）
右手に大きく写るのは三の丸東北隅櫓で、大手門は左奥に見える。

●所在地／兵庫県赤穂市上仮屋
●交　通／ＪＲ赤穂線播州赤穂駅下車。徒歩 15 分

赤穂城三の丸大手門（撮影／石田多加幸）
三の丸大手門と東北隅櫓は昭和30年（1955）に復元された。城の顔とも言える登城口になる。
他にも本丸門や庭園が復元整備されている。

竹田城

築城年／文禄・慶長年間（一五九二〜一六一五）
築城主／赤松広秀
主要人物／山名宗全・羽柴秀長・赤松広秀

雲海に浮かぶ城跡として一躍名をはせた山城

天正十三年（一五八五）城主となった赤松広秀の代に、豊臣政権が、生野銀山を押さえるべく当時最先端の技術を投入、山上には圧倒的な規模の石垣と瓦葺建物を持つ城を完成させた。最高所に三重天守を築き、ここから三方に派生する尾根筋は、石垣で固めた曲輪を配し、主要部には二重櫓が設けられていた。緩斜面となる南側東西には、長大な竪堀を構え、北側斜面には井戸曲輪を守るように、登石垣が設けられている。石垣ラインは、至る箇所に折れを設け、そこかしこに横矢を掛ける極めて軍事的色彩の強い城であった。近年、川霧により霞むことから、天空の城、日本のマチュピチュとも呼ばれ、雲海に浮かぶ石垣群の威容が注目を集めている。

竹田城南千畳（撮影／加藤理文）
本丸から見た南千畳・南二の丸方面の景観。南千畳は城内最大面積の曲輪。

●所在地／兵庫県朝来市和田山町竹田
●交　通／ＪＲ播但線竹田駅下車。徒歩１時間 30 分

竹田城遠望（朝来市役所提供）
標高約353メートルの虎臥山の山頂部に残る雄大な石垣遺構は、山城として全国屈指の規模を誇る。山頂部の縄張は南北約400メートル、東西約100メートルで、最頂部に本丸・天守台があり、南に南二の丸・南千畳、北には二の丸・三の丸・北千畳の曲輪が配置されている。本丸の東方尾根状には花屋敷曲輪が設けられ、本丸を中心に三方の尾根に曲輪が連なっているのが竹田城の特徴の一つである。

大和郡山城

築城年／天正八年（一五八〇）
築城主／筒井順慶
主要人物／筒井順慶・豊臣秀長・増田長盛・筒井定慶

秀吉の弟・大納言豊臣秀長が大改修した城

『多聞院日記』によれば、天正八年（一五八〇）大和一国を領した筒井順慶は、大和国内の全ての城を破却し、郡山城を本拠とすべく奈良中の大工を召集して築城を行ったと記されている。

天正十三年、豊臣秀長は大和・和泉・紀伊三ヶ国百万石の太守となった。郡山城を本拠とした秀長は、大規模な修築工事を開始したが完成せず、次の城主増田長盛が外郭の総延長五・五キロメートルの総堀普請を実施し、ほぼ完成を見ている。

本丸及び二の丸の石垣や堀が現存すると共に、追手門、追手東隅櫓、東多聞、続土塀、追手向櫓、続多聞が復興。五輪塔や宝篋印塔を石垣石材とした天守台も残る。

大和郡山城追手門と隅櫓（撮影／加藤理文）
昭和58年（1983）から62年に復興されたもの。江戸期の建物はすべて失われている。

●所在地／奈良県大和郡山市城内町
●交　通／近鉄橿原線近鉄郡山駅下車。徒歩3分

大和郡山城天守台（撮影／加藤理文）
豊臣秀長が百万石の本城として拡張した時代には五重の天守が建っていたとの伝承があったが、平成 26 年（2014）の発掘調査で礎石や金箔瓦が確認され、実際に存在した可能性が大きくなった。

和歌山城

築城年／天正十三年（一五八五）
築城主／豊臣秀長
主要人物／豊臣秀長・藤堂高虎・浅野幸長・徳川頼宣

南海の鎮と呼ばれた御三家紀州藩の居城

天正十三年（一五八五）豊臣秀吉の弟秀長が紀州平定戦を開始。秀長は「吹上の峰」に築城工事を起こし、年内に本丸、二の丸の工事を終え、城代として桑山重晴が入っている。関ヶ原合戦（一六〇〇）後、浅野幸長が入城し大改修を施し、近世城郭の基礎を築いた。元和五年（一六一九）家康の第十子の頼宣が入国し、御三家の居城に相応しい体裁にするため、さらなる整備・拡張が行われた。

現在の天守は、昭和三十三年（一九五八）に焼失した戦前の天守調査の成果と嘉永再建時の記録をもとに、鉄筋コンクリートで復興したものである。二の丸と西の丸を結ぶ屋根付きの御橋廊下は、城主専用のもので、平成十八年（二〇〇六）に復元された。

大正期の和歌山城遠望（個人蔵）
標高50メートルほどの虎伏山山上に見える天守。太平洋戦争の空襲により焼失する以前の姿。

●所在地／和歌山県和歌山市一番丁
●交　通／ＪＲ紀勢本線和歌山駅より和歌山バスで公園前下車。徒歩10分

本丸遠望（撮影／石田多加幸）
大天守、小天守、二之御門櫓、乾櫓を多門でつなぐ連立式天守で、徳川御三家の居城にふさわしい威容を見せる。昭和 33 年（1958）、焼失した建物を忠実に再現し、コンクリート造りで再建された。

鳥取城

築城年／慶長七年（一六〇二）
築城主／池田長吉
主要人物／山中幸盛・吉川元春・吉川経家・豊臣秀吉・池田光政

山上に二重天守、山麓に御三階櫓を持つ城

慶長五年（一六〇〇）入封した池田長吉が、同七年より九ヶ年の歳月をかけて、現在見られる近世的山城を完成させた。

城は大きく山上の丸と山下の丸に分かれる。山上の丸は久松山の山頂に築かれた戦国期の城を改修したもので、本丸・二の丸・三の丸からなり、本丸西北隅に二重天守があった山下の丸は二の丸・三の丸・天球丸からなり、水堀によって城下と区分されていた。二の丸に天守代用の御三階櫓が建てられていた。

現在、山麓部の二の丸、天球丸等の石垣の積み直しが実施され、かつての雄姿が甦りつつある。今後、中之御門大手門登城ルートを整備し、御三階櫓の復元を含め、幕末期の姿へ戻す計画が進行中である。

明治初期の二の丸（個人蔵）
南側から見た二の丸の光景で、左端の三重の建物は御三階櫓。山上の本丸には天守が築かれていたが、落雷により焼失後は山下に築かれていた二の丸の御三階櫓が鳥取城を象徴する建物であった。御三階櫓の右には土塀が続き、走り櫓がつながる。さらにその右に二重の菱櫓が見えている。明治12年（1879）御三階櫓以下の建物が取り壊された。

●所在地／鳥取県鳥取市東町
●交　通／ＪＲ山陰本線鳥取駅よりバスで県庁日赤前下車。徒歩５分

鳥取城二の丸菱櫓と城下遠望（撮影／石田多加幸）
山下の二の丸といえども、城下町より高い位置にあるため、鳥取の街並を見下ろすことができる。残された建物がない城内に今も残る石垣に触れると、ありし日の営みが目に浮かぶ。二の丸より一段高い天球丸では、全国でも珍しいほぼ球面の石垣、巻石垣が復元されている。久松公園として整備されている城跡を散策した際には、天球丸の巻石垣も必見である。

米子城

築城年／天正十九年（一五九一）
築城主／吉川広家
主要人物／吉川広家・中村一忠・横田村詮

山頂に大小二基の天守が並立する城

天正十九年（一五九一）、吉川広家が湊山に築城工事を起こし、四重天守を築いたが、未完のままで慶長五年（一六〇〇）転封となる。そして翌六年中村一忠のときに一応の完成を見ている。本丸には、五重天守と四重小天守が並立し、北側の山裾部に二の丸を築いて城主の居館とした。山麓の三の丸には、厩、作事場、米蔵などが建てられ、内堀を巡らし、南と西は中海へと通じていた。天守の他櫓十八基、門が十三ヶ所設けられたという。

湊山の山麓から見上げた城跡は、圧倒的な規模の石の要塞である。山頂の本丸には天守台の石垣がそびえており、石垣の上に立つと中海が見下ろされる。ほかにも石垣が各所に現存し、かつての規模が彷彿される。

米子城遠望（撮影／石田多加幸）
中央の山は米子城が築かれた湊山。遠目では石垣はわかりにくいが、城跡の各所で石垣が残されている。山上の本丸に立つと、米子の街や中海が見下ろせる。

米子城石垣（撮影／石田多加幸）
米子城に建物は現存しないが、山上の本丸や山麓の二の丸などにはみごとな石垣が残されている。写真は天守台の石垣だが、かつてはここに四重の天守がそびえていた。公園となった城跡に立ち、壮大な石垣群を見て回ることが可能。

●所在地／鳥取県米子市久米町
●交　通／ＪＲ山陰本線米子駅下車。徒歩 10 分

月山富田城

山中鹿之介ゆかりの堅固要害な巨大山城

築城年／建久三年（一一九二）
築城主／佐々木義清
主要人物／尼子経久・山中幸盛・堀尾忠氏

文明十八年（一四八六）尼子経久が京極氏から奪還に成功し、永禄九年（一五六六）毛利元就の攻撃で落城するまでの間、月山を中心にそこから派生する尾根や周辺山塊にまで曲輪を拡張した超巨大山城。

城は、南東を除く三方が急峻な崖地形となる。城への入り口は、菅谷口（大手口）、御子守口（搦手口）、塩谷口（裏手口）の三ヶ所に設けられていた。また、山麓部、中段山中御殿、月山山上と、巧みに土塁と堀を廻らせ、それぞれに独立機能を持たせた。外郭からの侵入路は、全てが山中御殿へ通じ、山上詰城へは、急峻な「七曲道」のみしかなかった。堀尾氏入城によって、山中御殿、山上部が大規模な石垣に変化したと考えられる。

月山富田城花ノ壇から見た月山
（安来市教育委員会提供）
難攻不落を誇った月山富田城の外郭のひとつであった花ノ壇は、当時は侍所として利用されていたと伝わる。ここに、当時の建物が平成８年（1996）に復元された。本丸や二の丸は、背景の山に位置する。

月山富田城七曲り口と山中御殿跡
（撮影／石田多加幸）
月山富田城の中でも重要地であった山中御殿。広大な敷地には堅固な石垣が組まれており、御殿があったとされる。山中御殿の七曲り口を出て坂を上ると、背後の山上にある本丸に到達できる。

●所在地／島根県安来市広瀬町富田
●交　通／ＪＲ山陰本線松江駅よりバスで月山入口下車

松江城

築城年／慶長十二年（一六〇七）
築城主／堀尾吉晴
主要人物／堀尾吉晴・京極忠高・松平直政

我が国五番目の国宝指定となった漆黒の天守

慶長十六年（一六一一）、堀尾吉晴によって宍道湖を望む亀田山の地に完成を見た。国宝に指定された天守は、実戦本位の無骨な姿で、戦闘を意識した戦国期の緊張感を今に伝えている。外観四重・内部五階で地階が存在し、入口は、南側正面中央部付櫓。二重櫓の上に、三階建ての櫓を乗せた望楼型で、三重目の平側に入母屋造りの張り出しを設けた構造である。一、二重目と大入母屋破風までが全面板張で、軒裏も黒いため、重厚感が増している。石落しは、初重ではなく二重目に配すことで隠し、九四ヶ所も設けた狭間は蓋付きにし、遠目からはその存在が解らない。平成十三年（二〇〇一）には、南櫓・中櫓・太鼓櫓とそれを結ぶ土塀が復元された。

松江城天守（撮影／加藤理文）
松江城天守は付櫓を設けた複合式天守である。外観は四重五階・地下一階の望楼型天守である。外壁は下見板張黒塗で、松江城天守の特徴の一つである。

松江城空撮（撮影／中田真澄）
標高約28メートルの亀田山の山頂付近に本丸を配置した松江城の縄張の形がよく遺されている。

●所在地／島根県松江市殿町
●交　通／ＪＲ山陰本線松江駅よりバスで松江城（大手前）下車

現存天守と復元された二の丸の櫓群（松江市役所蔵）

明治８年（1875）、二の丸が誇った御殿のほか、御月見櫓・南櫓・太鼓櫓・中櫓（具足櫓）・東の櫓や御門などの建物が取り壊された。このうち、平成 13 年（2001）に二重櫓の南櫓（手前左）、一重櫓の中櫓（中）・太鼓櫓（右）が復元された。

明治初期に撮影された二の丸御殿と天守（松江市役所蔵）

左手前は三の丸表門。二の丸石垣上の木立の下の大屋根は二の丸御殿、その右に中櫓（一重櫓）、その左斜め上は本丸武具櫓（二重櫓）、天守が見える。御殿の左の二重櫓は南櫓、その左に二の丸上段の御殿の屋根が見える。

津和野城遠望（津和野町役場提供）
雲海の上に姿を現した津和野城の中枢部。天空の城のごとく、あたりを睥睨する。現存する建物はなにもないが、本丸に残されている石垣は遠目からもはっきりと見える。標高 367 メートルの山上に、かつては天守も建てられていたのだが、焼失後は再建されることもなく、天守台だけが佇む。

●所在地／島根県鹿足郡津和野町後田
●交　通／ＪＲ山口線津和野駅より鴎外旧居・長野行きバスで森下車。徒歩 10 分後、リフトで山頂まで 5 分

津和野城

亀山山上に高石垣で築かれた山城

築城年／慶長六年（一六〇一）
築城主／坂崎直盛
主要人物／吉見頼直・坂崎直盛・亀井政矩

慶長五年（一六〇〇）坂崎出羽守直盛が入封し、吉見氏築城の城の大改修を実施し、今日見られる近世山城を完成させた。標高三六七メートルの霊亀山の最高所に三十間台（本丸）を置き、西に一段低く天守台、さらに下段に台所。北に太鼓丸、南に三の丸が張り出す形となっている。尾根を挟んで山麓からの登城路途中に出丸（織部丸）を構え、防御を強固にしていた。天守は、貞享三年（一六八六）に落雷で焼失し、その後再建されることは無かった。

山頂主要部は、全てが石垣によって囲まれ、石材は石英閃緑岩を使用し、天守台には二トンもの巨石も見られる。隅角の算木積みは、ほぼ完成されており、高石垣は緩やかな勾配で、低石垣はほぼ垂直に積まれている。

直盛は、元和二年（一六一六）、本多忠刻《ただとき》に嫁ぐ千姫強奪計画が発覚し、切腹している。替わって亀井政矩が入封。以後、世襲し維新に至った。物見櫓・馬場先櫓が現存する。

津和野城本丸跡（津和野町役場提供）
山麓からはリフトに乗って、山上にたどり着くことができる。城跡は公園として整備されているため、本丸一帯をゆっくり散策したい。天守台や人質曲輪などのみごとな石積みも堪能できる。城跡に立つと津和野の街並を一望にできるが、その眺めは一見の価値がある。

岡山城天守（撮影／竹重満憲）
天守は明治維新後も取り壊されることはなく、昭和初期には国宝にされていたが戦災で焼失、昭和 41 年（1966）に外観復元された。黒い下見板張りが特徴であったため、別名を「烏城」と呼ばれるが、復元後の姿にもその特徴は表現されている。内部は博物館として岡山城関係の歴史を伝えており、当時の城主の間も再現されている。

●所在地／岡山県岡山市北区丸の内
●交　通／ＪＲ山陽本線岡山駅下車。徒歩 20 分

岡山城

築城年／天正十八年（一五九〇）
築城主／宇喜多秀家
主要人物／宇喜多直家・宇喜多秀家・小早川秀秋・池田光政

備前宰相・宇喜多秀家が築いた漆黒の城

豊臣秀吉に寵愛され政権の最高実力者五大老にまで名を連ねた宇喜多秀家の居城。天守は、不等辺五角形の天守台を持つ漆黒の姿で、屋根には燦然と金箔瓦が輝いていた。その後城主となった小早川秀秋、池田利隆らが改造を繰り返し、現在の姿が安定したのは寛永九年（一六三二）頃のことになる。城内には、四重櫓一基、三重櫓一〇基、二重櫓二〇基と、高層櫓の数が三一基を数える。これ程高層櫓を擁する城は、大坂城など天下普請の城を除けば、熊本城と岡山城しか例がない。

現存する建物は、本丸の北西隅にある数寄屋風の月見櫓と、西丸西手櫓のみである。そのほか本丸本段不明門、本丸本段要害門、本丸表向廊下門などが復興されている。

岡山城天守遠望（撮影／石田多加幸）
岡山城は、三方向を旭川の流れを天然の堀として利用した縄張であった。本丸の北東、旭川の近くに位置する天守は五重六階を誇っていたが、一階は不等辺五角形、二階は不等辺六角形という特徴を見せる。岡山城では、月見櫓、西丸西手櫓が現存している。

備中松山城天守周辺（撮影／石田多加幸）
本丸の中でも一段高い位置に建つ、右側の二層二階の建物が天守。天和年間の水谷勝宗の改修の際にこの形になったとされ、以後修理を重ねながら現在も当時の姿のままを保つ。天守の手前に控える中央の建物は五の平櫓、左は六の平櫓で、いずれも平成９年（1997）に復元された。

●所在地／岡山県高梁市内山下
●交　通／ＪＲ伯備線備中高梁駅下車。徒歩 20 分

備中松山城

近世まで存続した、天守が残る貴重な山城

築城年／元弘年間（一三三一～一三三四）
築城主／高橋宗康、小堀正次・小堀政一
主要人物／三村元親・小早川隆景・大石良雄・山田方谷

山陽、山陰を結ぶ水陸交通の要衝にあたるため、戦国期以降重要視され続けた。水谷勝宗が天和元年（一六八一）に大改修を行い、今ある姿が完成を見た。標高四三二メートル（比高約三五〇メートル）と極めて険しい山上に築かれた山城。天守・二重櫓・土塀が現存。平成九年（一九九七）に、五の平櫓・六の平櫓等が古写真や発掘成果をもとに復元、本丸の景観は一変した。天守は、小堀氏在城時代に創築され、現在の姿となったのは水谷勝宗の改修後と考えられる。二重二階で高さ約一一メートル、最高所の岩盤を利用し、さらにその上に石垣を構築し建てられているため、存在感に圧倒される。山城にもかかわらず近世まで存続したものの一つになる。

天然の岩盤の上に築かれた高石垣（撮影／中田真澄）
高梁川に沿う、標高 400 メートルほどの山々が連なる臥牛山のうちの大松山に築かれた城は、山中にある天然の岩盤を巧みに取り込んでいる。なかでも大手門跡の右側では、10 メートルほどの垂直にそそり立つ岩盤の上に高石垣を積み上げており、完璧な防御がなされていた。山城の特徴を生かした縄張といえる。

備中松山城高石垣群（撮影／中田真澄）
山上の本丸、二の丸、三の丸は、その周囲に築いた石垣でしっかりと固めていた。写真の三の丸付近では、上方へと幾重にも続く石垣の景観に、訪れた者は圧倒される。ほかにも、本丸に現存する二重櫓の櫓台や天守台の石垣もまた鮮やかに築かれており、築城時の苦労がしのばれる。

備中松山城の見どころ

本丸付近が雲海に浮かぶことで全国的に知られる備中松山城には、330年以上前に建造されたという天守が今も残る。現存する天守のなかで、唯一の山城の天守である。また、二重櫓や土塀も当時のままのものがあり、本丸には五の平櫓や六の平櫓、本丸南御門、本丸東御門などが復元されている。400メートルほどの山頂まで登り詰めた先で、山城の世界を満喫できる。

備中松山城三の平櫓東土塀
（撮影／中田真澄）
厩曲輪土塀とともに現存する三の平櫓東土塀は、銃眼をもつ約９メートルほどの土塀。重要文化財に指定されている。城内の土塀を復元する際には、この土塀を参考にしていると城の管理者は伝える。

津山城

築城年／慶長九年（一六〇四）
築城主／森忠政
主要人物／森忠政・松平宣富

高石垣で山全体を囲んだ、櫓が林立する城

慶長九年（一六〇四）から十三年の歳月をかけ森忠政が築いた城で、元和二年（一六一六）完成。森氏は四代長成で断絶し、元禄十年（一六九七）には、松平宣富が十万石で入封している。最新鋭の層塔型天守を囲む天守曲輪を中心として、本丸、二の丸、三の丸を下さがりに配置して高石垣で囲み、外周は東を宮川、他の三方を水堀と空堀で囲んだ外郭を設け、六ヶ所の門が設けられていた。

全国の城の中でも、高石垣や門櫓の規模は最大級で、熊本城に匹敵する過剰防備と呼ぶ程の構えとなっている。城域は鶴山公園となり桜の名所として名をはせる。平成十七年（二〇〇五）に備中櫓、翌年に接続する太鼓塀が復元された。

明治初期の津山城（津山弥生の里文化財センター提供）
北西方向から見た、明治維新後の津山城の威容を伝える古写真。中央のひときわ高い建物は層塔式の五重五階の天守で、その左右に本丸、二の丸の櫓がいくつも見える。天守は明治８年（1875）までに取り壊されたという。

●所在地／岡山県津山市山下
●交　通／ＪＲ津山線津山駅下車。徒歩 15 分

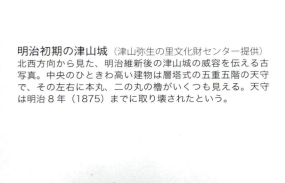

津山城空撮（津山弥生の里文化財センター提供）
津山城跡を南東の上空から見る。中央の石垣上で白く輝く建物は、再建された備中櫓。その左側の凹状の天守台の上には、かつて五重五階の天守が建てられていた。天守台、備中櫓の周辺が本丸、そこから一段下がったところが二の丸、さらに一段下が三の丸となる。堅固な石垣に囲まれた縄張に目を見張る。

吉田郡山城空撮（安芸高田市歴史民俗資料館提供）
上空から見た吉田郡山城全景。川に挟まれた中央に見える山が城跡になる。山全体を利用して城塞化し、広大な敷地をもつ山城であった。最高所に本丸が置かれ、本丸を中心として四方へ続く尾根に二の丸や三の丸、御蔵屋敷などの曲輪がいくつも築かれていたという。本丸の御殿には、毛利元就も居住したと伝わる。

●所在地／広島県安芸高田市吉田町吉田
●交　通／ＪＲ芸備線吉田口駅より吉田営業所行きバス安芸高田市役所前下車。徒歩５分

吉田郡山城

全山要塞化された戦国屈指を誇る毛利氏の城

築城年／大永三年（一五二三）
築城主／毛利時親
主要人物／毛利元就・尼子詮久・毛利隆元・毛利輝元

最初に城が築かれた南北朝期の城は、郡山東南の一峰に築かれた小規模な山城であった。元就が中国地方最大の戦国大名に成るに及び、城を拡張。孫の輝元が豊臣秀吉に従った後も、整備増強は継続され、最盛期には全山を要塞化し、一族郎党全てが山に居住する中世最大規模を誇る山城となった。全域で曲輪数は実に二百を超えるものであったという。本丸から放射状にのびる六本の尾根筋だけでなく、さらにそこからのびる六本の支尾根など、山の尾根上の全てを削平し曲輪を造りだした。現状でも、そこかしこに平坦な曲輪を見ることが出来る。これらの小規模な曲輪群は、家臣の屋敷地で、主従ともどもも険しく不便な山中で暮らしていたのである。

吉田郡山城本丸上段（撮影／石田多加幸）
傾斜のある山中に数多くの曲輪を築造するため、平坦な土地を造り出すことに苦労したことであろう。本丸もさほど広い面積ではない。本丸や二の丸付近では、石垣が築かれていたことがわかる。

広島城

築城年／天正十七年（一五八九）
築城主／毛利輝元
主要人物／毛利輝元・黒田如水・福島正則・浅野長晟・徳川慶勝

豊臣大坂城を凌ぐとも言われた巨大天守群

聚楽第と大坂城を見学し帰国した毛利輝元は、直ちに新城を計画し、天正十七年（一五八九）、太田川のデルタ地帯に築城工事を開始。慶長四年（一五九九）、五重五階大天守と三重三階の南小天守と東小天守を従えた天守群が完成。天守は、大坂城と同じ下見板張りの漆黒の姿で、屋根には金箔瓦が燦然と輝いていた。三重天守に挟まれた五重天守の壮大さは、大坂城を凌ぐとさえ言われた。

原子爆弾により、現存していた建物をすべて失ってしまった広島城であるが、昭和三十三年（一九五八）に天守が外観復元。平成六年（一九九四）には二の丸表御門・太鼓櫓・多聞櫓・平櫓が古写真や発掘成果、各種文献資料によって木造復元されている。

本丸遠望（個人蔵）
戦災焼失前の天守を東側から見る。手前の切妻の建物は渡櫓。

広島城空撮（撮影／竹重満憲）
南側から見た現在の広島城全景。本丸は周囲を水堀に囲まれていることが確認できる。復元された天守は本丸の北西隅に位置する。本丸の手前の小さな方形の部分は二の丸。近年、櫓や表門、橋を復元整備した。

●所在地／広島県広島市中区基町
●交　通／ＪＲ山陽本線広島駅より広島電鉄市内線で紙屋町下車。徒歩 15 分

広島城天守遠望（撮影／竹重満憲）
明治維新の動乱に耐えて残り、昭和初期には国宝に指定されていた天守は、戦災によりその姿を消してしまった。しかし、市民からの再建を望む声が高まり、昭和33年（1958）に外観を復元した天守が建造されて現在に至る。しかしながら、南側と東側にあった二棟の小天守に続く渡櫓は建てられていない。

福山城

築城年／元和六年（一六二〇）
築城主／水野勝成
主要人物／水野勝成・阿部正弘

国内唯一の鉄板装甲を施した重装備の天守

元和五年（一六一九）福島政則の改易によって、備後南部十万石の新領主となったのは、徳川譜代の水野勝成であった。勝成は、神辺城を廃し、新城を福山の地に築き、元和八年竣工をみている。修復でさえ厳禁されていた世に、新城を築くことは異例のことであった。この城は、西国大名の押さえを目的としており、御三家の水戸・和歌山でさえ許されなかった五重天守までもが造営されている。

特筆すべきは、天守北壁が鉄板によって装甲されていたことである。城内には、天守の他三重櫓七基、二重櫓十六基という数を誇り、十万石の居城としては破格の規模であった。

福山城の天守は、戦災によって焼失し、昭和四十一年（一九六六）に外観復元された。

明治期の福山城（小畠軍治氏蔵・園尾裕氏提供）
明治維新後の城内の様子がよくわかる古写真。中央の右側に高くそびえる五重の建物が天守。天守の左に続く、石垣の上の二重の建物は鏡櫓、そして月見櫓になる。手前の一段低い位置にある櫓は三の丸の隅櫓。城内の数多くの櫓は明治維新後に次第に取り壊されていったが、天守といくつかの建物は残されていた。しかし、戦災により焼失。天守、鏡櫓、月見櫓は現在、外観復元されて当時の姿を蘇らせている。

●所在地／広島県福山市丸之内
●交　通／ＪＲ山陽本線福山駅下車。徒歩５分

福山城天守（撮影／石田多加幸）
福山城の天守は戦前まで残されており、昭和６年（1931）には国宝にまで指定されていた。残念ながら戦災で焼失したが、昭和41年（1966）に外観を忠実に再現して復元されるに至った。現在は、白壁が美しい五重六階の当時のままの雄姿を誇る。なお、内部は博物館として利用されている。

萩城

築城年／慶長九年（一六〇四）
築城主／毛利輝元
主要人物／毛利輝元・吉田松陰・高杉晋作・大村益次郎・木戸孝允・伊藤博文

山麓に五重天守、背後の山に詰城を持つ城

慶長九年（一六〇四）から同十三年にかけて毛利輝元が日本海に望む松本川と橋本川に挟まれた河口の指月山とその山麓に築城。半島の根元を切断して城下と隔て、重臣の屋敷地である三の丸とし、北方に中堀を巡らし二の丸を設けている。本丸は、指月山の麓に三方に内堀を巡らし、内部に本丸御殿、五重天守が造られた。指月山頂部は、詰丸要害で、六基の櫓を配し、周辺監視の機能を果すとともに、山麓石垣の石切り場でもあった。

城下町には武家屋敷が多く現存し、萩藩主の御座船が格納されていた御船倉が残る。平成十六年（二〇〇四）城下から三の丸（堀内地区）に入るために設けられた北の総門、総門脇の土塁や船着場などが整備された。

萩城天守台石垣（撮影／加藤理文）
五重天守を支える石垣台は、熊本城天守台石垣に劣らぬ美しい勾配をみせる。萩城内で最も高い石垣で、詰の丸であった指月山を背景にどっしりとした姿は、萩城の象徴である。

明治初期の萩城天守（山口県文書館蔵）
萩城天守は天守の建築史上、ちょうど旧式の望楼型から新式の層塔型への移行期に築かれたもので、望楼型天守の最末期の一つである。土台である天守台石垣より天守一階の方が大きく、張り出している。

●所在地／山口県萩市堀内
●交　通／ＪＲ山陰本線東萩駅下車。徒歩 30 分

萩城空撮（萩博物館提供）
萩城跡を南から見た写真で、北方の小高い山が詰の丸であった指月山。その手前の麓に本丸、三方に内堀を巡らした天守台、その南側に二の丸が見える。

岩国城

築城年／慶長六年（一六〇一）
築城主／吉川広家
主要人物／吉川広家

吉川広家が築いた毛利領の東を押さえた城

城は、山上の城郭部分と山麓の居館（御土居）から構成。山麓部は、建物こそ失われたが、土塁や堀が残り、山上部には復興天守や石垣が旧状を留めている。慶長五年（一六〇〇）、関ヶ原合戦に敗れた毛利氏一族の吉川広家は、三万石に減封され岩国へと転封。この地は、毛利新領国の東端にあたるため、山麓居館だけでなく、山上にも城地を求めた。

山上部には、前後二回に渡る破城によって徹底的に破壊された石垣だけでなく、幅約二〇メートルの規模を持つ西日本最大級の空堀も見られる。また、整備復元された約二〇メートル四方の天守台も見応えがある。周辺から切り出した石灰岩を利用した石垣は、吉川氏の石垣構築技術の高さを伝えている。

岩国城天守（撮影／竹重満憲）
昭和37年（1962）に外観復元された天守。本来の天守台と違う位置に築かれている。

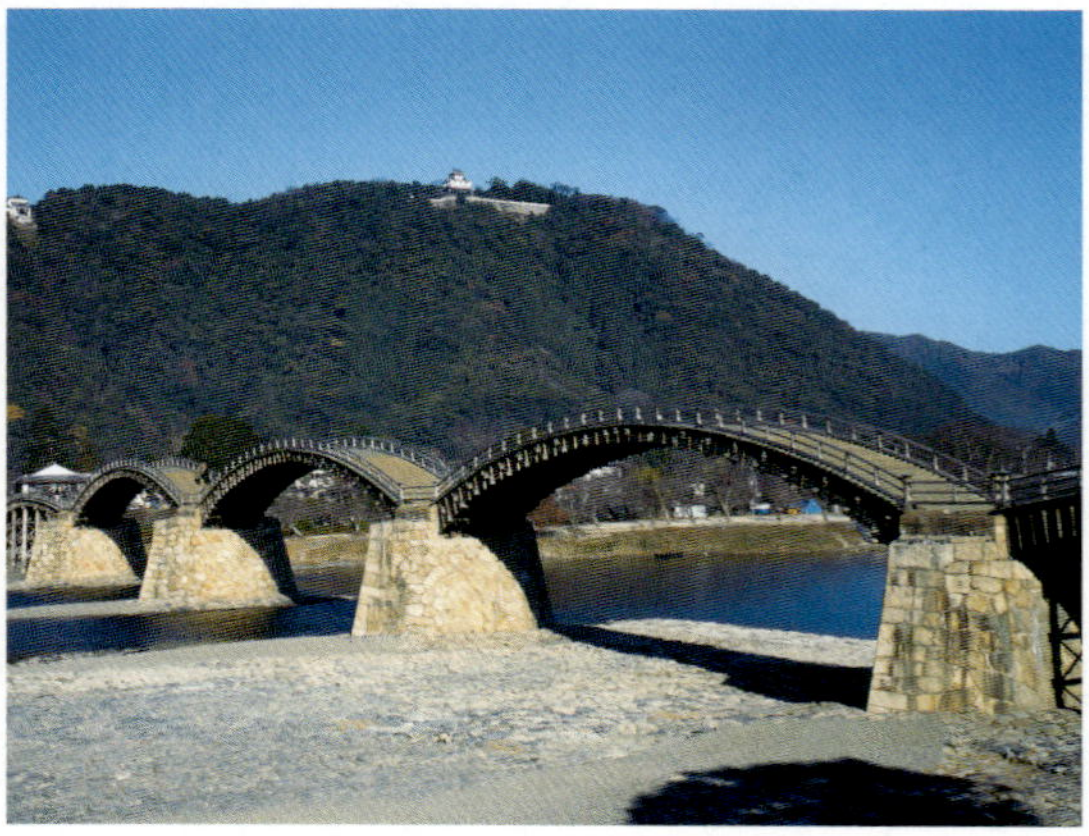

錦帯橋から岩国城遠望（撮影／石田多加幸）
標高約300メートルの山上部に天守、南麓に居館があった。この城も完成後わずか7年で一国一城令によって破却され、短命の城となった。

●所在地／山口県岩国市横山
●交　通／ＪＲ山陽本線岩国駅よりバスで錦帯橋下車。徒歩10分

四国の城

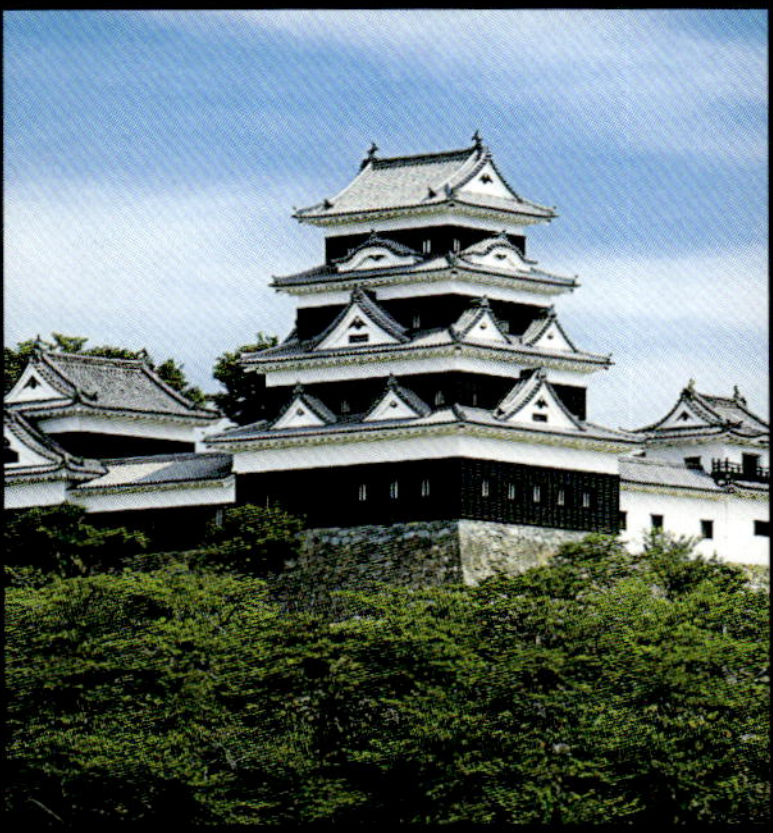

大洲城

徳島城

築城年／天正十三年（一五八五）
築城主／蜂須賀家政
主要人物／細川頼之・蜂須賀家政

維新まで存続した徳島藩蜂須賀氏の居城

阿波一国を与えられた蜂須賀正勝・家政父子は、天正十三年（一五八五）に山上の渭山城と山下にあった寺島城を合体して、新たな城・徳島城を築いた。城には当初、山上に天守を置いていたが、元和六年（一六二〇）頃に取り壊されたため、かわって東二の丸中央部に三重天守が建てられた。

現在、当時の建物は何も残されていないが、平成元年（一九八九）に薬医門形式の鷲の門が復元されている。また、城跡は徳島中央公園として整備されており、かつて表御殿のあった位置には、蜂須賀家の史料などを保存する徳島市立徳島城博物館が建てられている。博物館の隣は、武将で茶人であった上田宗箇の作といわれる表御殿庭園が現存している。

明治期の徳島城（徳島市市史編纂室蔵）
山麓に設けられていた徳島城の御屋敷を、南東の隅付近から撮影したもの。手前の左側に見える門は鷲の門。中央の二階建ての櫓は月見櫓、月見櫓の右奥には鉄砲櫓が見える。現在は鷲の門が再建されて、当時の面影を残す。

徳島城黒門桝形と水堀（撮影／加藤理文）
徳島城の遺構は数多くないが、山麓の御屋敷跡の南側には大手桝形の石垣が残されている。かつては堀を下乗橋で渡り、桝形の門を通って城内へと入っていった。城内の石垣には、阿波の緑泥片岩が使用されていることが特徴。

●所在地／徳島県徳島市徳島町城内
●交　通／ＪＲ高徳線徳島駅下車。徒歩 15 分

高松城

築城年／天正十六年（一五八八）
築城主／生駒親正
主要人物／生駒親正・松平頼重

瀬戸内海の海水を引き込んだ本格的海城

豊臣秀吉に讃岐を与えられた生駒親正が、天正十六年（一五八八）より築城を開始。瀬戸内海に面した城であることから、内堀や外堀には海水を巧みに取り入れた海城であった。

その後、生駒氏は寛永十七年（一六四〇）の生駒騒動によって転封。のちに入城した松平頼重によって天守が改築されたことが知られる。このときの天守は現存しないが、天守台は残されている。近年、この天守台の石垣が解体されて積み直されたことで、今後は天守の復元が期待されている。

また、城跡には月見櫓、艮櫓、水手門、水手門渡櫓などが残されている。東の丸にあった艮櫓は、桜の馬場太鼓櫓の跡に移築して保存している。

高松城本丸天守台（撮影／竹重満憲）
創建時から天守が存在していたが、松平氏の代に改築されたのち、明治維新まで存続した。その姿は古写真に残されているのみで、いまは天守台が残されている。将来、天守が復元されることを期待したい。

高松城旧東の丸艮櫓（撮影／石田多加幸）
高松城跡の桜の馬場を散策すると、堀の東南隅にそびえている櫓が眼に入る。これは、かつて東の丸の東北隅にあった艮櫓で、桜の馬場の太鼓櫓の跡に昭和の時代に移築されてきた。櫓の屋根は入母屋造で、千鳥破風や石落し、銃眼などが設けられていることがわかる。

●所在地／香川県高松市玉藻町
●交　通／高松琴平電鉄高松築港駅下車。徒歩３分

丸亀城

築城年／慶長二年（一五九七）
築城主／生駒親正
主要人物／生駒親正・生駒正俊・京極高和

美しくも堅固な高石垣が威容を誇る城

高松城を居城としていた讃岐の生駒親正は慶長二年（一五九七）に隠居し、丸亀に城を築いた。しかし、元和元年（一六一五）の一国一城令により廃城。その後、丸亀に入封した山崎氏が幕府の許可を得て新たに築城を開始し、次の京極氏の代に完成した。

城は標高六六メートルの亀山を利用したもので、山上に本丸、二の丸、三の丸を置く。縄張には堅固な高石垣が築かれており、その見事な石積みは見る者を圧倒する。本丸には天守が築かれていたが、これは現存している。また、城の入口にあたる大手門では大手一の門と大手二の門、そして御殿表門、番所長屋が残されている。城跡は公園として整備され、域内には丸亀市立資料館も建てられている。

●所在地／香川県丸亀市一番丁
●交　通／ＪＲ予讃線丸亀駅下車。徒歩１０分

丸亀城空撮（撮影／中田真澄）
上空から見ると、丸亀城の縄張が理解できる。亀山を利用した平山城で、山の周囲を堅固な堀で囲む。山上に本丸や二の丸が置かれ、本丸の南側には天守がそびえている。

丸亀城大手門前から本丸天守遠望（撮影／竹重満憲）
亀山公園と彫られた碑の横をまっすぐに進むと、まず大手二の門が待ち構える。門をくぐり右に折れると、今度は櫓門形式の大手一の門が建つ。山上にそびえる天守は、山麓から見ると手が届きそうな近さに見えるが、たどり着くまでには亀山をほぼ一周するような形で登っていかなければならない。

丸亀城本丸天守遠望（撮影／竹重満憲）
海抜 70 メートルほどの高さの亀山に築かれた丸亀城だが、幾重にも石垣が構築されている。堅固な石垣に守られたその最上層部に、三重の天守が建つ。天守に立ち周囲を見渡すと、丸亀の街が一望できる。

丸亀城の見どころ

丸亀城は亀山という小さな山を利用した城であったため、城跡は山全体が公園として利用されている。山のあちらこちらには当時のままの石垣が残されており、石垣が見せる勾配の美しさに訪れた者を唸らせる。山上の本丸には、小さいながらも三重三階の天守が現存。ここからの眺望には目を見張る。また、山麓の大手一の門、大手二の門、御殿表門、番所などが、在りし日のままの姿を伝えている。

今治城

築城年／慶長七年（一六〇二）
築城主／藤堂高虎
主要人物／藤堂高虎・松平定房

名築城家・藤堂高虎渾身の海城

名築城家として知られる藤堂高虎は、関ヶ原合戦で功をあげたのち、瀬戸内海に面した今治の地に築城を始めた。本丸・二の丸を広大な堀で囲み、さらにその回りに中堀と外堀を巡らし、堀には眼前の海水を活用した。城内に船入まで備えていたという。また、本丸や二の丸には七基の二重櫓を設けた。それらは塀によって接続し、重要部分には多聞櫓が採用されていた。

さらに本丸には五重の天守が築かれ、丹波亀山城へ移築したと伝わる。天守の詳細は定かではないが、現在、城跡には模擬天守が建てられている。また、御金櫓・山里櫓・鉄御門・武具櫓などが復元されており、城跡は往時の城に近い雰囲気が保たれている。

今治城本丸と二の丸（撮影／竹重満憲）
いくつもの天守や櫓が復元された現在の今治城は壮観である。また、創築当時から海城として知られていただけに、城を囲む内堀は広大であったが、ほぼ当時のままに残されている。右の高い建物が、丹波亀山城を参考にして昭和55年（1980）に建てられた模擬天守。中央の二階建ての建物は外観復元された山里櫓、そして左端には外観復元された武具櫓が見える。

●所在地／愛媛県今治市通町
●交　通／ＪＲ予讃線今治駅下車。徒歩20分

幕末に撮影された今治城本丸と二の丸

（今治城蔵）

今治城本丸と二の丸の北東面を伝えていると思われる古写真で、手前の建物は、二の丸の北東隅にあった御金櫓。この御金櫓は昭和60年（1985）に外観復元されて、当時の雰囲気を醸し出している。また、奥の一段高くなった部分は本丸であり、中央に月見櫓、その左奥には南隅櫓が見えている。

松山城

築城年／慶長七年（一六〇二）
築城主／加藤嘉明
主要人物／加藤嘉明・蒲生忠知・松平定行・松平勝善

賤ヶ岳七本槍のひとり、加藤嘉明による築城

徳川家康に松山の地を与えられた加藤嘉明は、慶長七年（一六〇二）から標高一三二メートルの勝山に築城を開始。山上に本丸、南側山麓に二の丸、さらにその外側に三の丸を配置する縄張とした。本丸には天守を築いたが、単独の天守ではなく小天守や櫓で結ばれる連立式を採用。壮大な城の完成までに加藤氏は会津に転封となり、二十五年以上の時を費やして蒲生氏の代にすべてが完成した。

現存する天守は嘉永五年（一八五二）に再建されたものだが、ほかにも一の門南櫓や二の門南櫓、乾櫓、野原櫓などが残る。また、馬具櫓をはじめ、筒井門、太鼓門、太鼓櫓などが復元されているほか、二の丸も、二之丸史跡庭園として公開されている。

●所在地／愛媛県松山市丸之内
●交　通／ＪＲ予讃線松山駅から伊予鉄道で大街道下車。ロープウェイで山上へ

南西から見た松山城空撮（撮影／中田真澄）
勝山の山上に本丸、南側山麓に寛永４年（1627）に完成した二の丸、さらにその外側には貞享４年（1687）に御殿機能が移された三の丸を配置している。この三の丸を守るため、幅広の水堀で囲んでいる。

松山城天守と小天守（撮影／石田多加幸）
天守は幕末の嘉永５年（1852）に再建された三重三階・地下一階の層塔型天守で、現存天守中、築城年が一番新しい天守である。小天守（二重櫓）は、昭和 43 年（1968）に北隅櫓・南隅櫓・多門櫓・十間廊下とともに復元され、これらが天守と繋がれて連立式天守の形式がよみがえった。

明治期に撮影された天守曲輪南面（小沢健志氏蔵）
明治十六年（一八八三）以前の姿である。天守を除く天守曲輪の建物は、昭和八年（一九三三）に原因不明の火事で焼失した。

南より本丸遠望（撮影／中田真澄）
右手前に本丸の入り口手前の大手門跡。そこからU字に登り、高石垣上にある筒井門を入ると本丸である。本丸に入ると、本丸の建物群と天守のある本壇の建物群の多さに圧倒される。

松山城の見どころ

松山城は松山市の中心部にあるため、気軽に訪問することができる。海抜130メートルほどの山頂の本丸へ登るために、ロープウェイやリフトを用意。本丸では現存する天守のまわりに、小天守や北隅櫓、南隅櫓、十間廊下などが復興され、当時の天守周辺の構造が理解できる。山麓の二の丸は二之丸史跡庭園として整備されており、御殿の部屋の間取りが表示されている。

紫竹門前より天守遠望（撮影／竹重満憲）
乾門方面からの侵入を備える紫竹門（国重文）の上に見えるのは小天守（二重櫓）、小天守の左に南隅櫓、右奥に天守、天守を挟んだ右に一の門南櫓。

宇和島城

珍しい五角形の縄張をもつ城

築城年／慶長元年（一五九六）
築城主／藤堂高虎
主要人物／藤堂高虎・伊達宗利

慶長元年（一五九六）より、藤堂高虎は既存の丸串城を利用して宇和島城の築城を始めた。小高い丘陵の山頂部に本丸、そのまわりに二の丸、西方中腹に代右衛門丸、藤兵衛丸、長門丸を、北方に井戸丸、東方山麓に三の丸を配した。周囲は内堀で直線的に囲んでいる。特徴的なのは、城全体が五角形になっていること。城内にいては縄張が五角形であることに気が付かないため、敵の目を惑わすのに効果的であった。その後宇和島には、仙台より伊達政宗の長男秀宗が元和元年（一六一五）に入城。以後、幕末まで続く。

現在、城跡は城山公園として公開されており、本丸には伊達氏が修築した天守が現存する。天守内部にも立ち入ることが可能。

明治後期の宇和島城追手門（宇和島市教育委員会蔵）
追手門は城の山麓の東側にあった門で、重厚な櫓門形式をもつ。左の多聞櫓の石垣の下には水が見えるが、これは五角形の宇和島城を取り囲む堀の一部。現在、追手門は残されていない。

●所在地／愛媛県宇和島市丸之内
●交　通／ＪＲ予讃線宇和島駅下車。徒歩 20 分

宇和島城空撮（撮影／中田真澄）
宇和島城のある城山は、上空から見るときれいな五角形ではないものの、不等辺五角形であることがわかる。この特徴を生かして、藤堂高虎が築城・整備した。山上に見える三重の天守は、寛文２年（1662）に伊達宗利の代に築かれたもので、今も往時のままの姿を留めている。

大洲城

築城年／慶長十五年（一六一〇）
築城主／脇坂安治（改修）
主要人物／藤堂高虎・脇坂安治

木造で完全復元された四重の天守

城の歴史は古く、鎌倉時代末期に宇都宮氏が築城したことに始まるとされる。戦国時代には小早川隆景の属城となり、さらに天正十五年（一五八七）に戸田勝隆、文禄四年（一五九五）に藤堂高虎、慶長十四年（一六〇九）に脇坂安治が居城とし、元和三年（一六一七）より加藤貞泰が城主となる。近世城郭として整備されたのは脇坂氏の時代と推測され、肱川に面した小高い丘上にある本丸の北西隅に、四重天守が築かれた。

大洲城で現存する建物には、本丸の台所櫓と高欄櫓、二の丸の苧綿櫓、三の丸の南隅櫓がある。台所櫓と高欄櫓は天守に連結する構造であり、近年に天守が復元されたことで本丸の威容が蘇ることになった。

明治初期の大洲城天守（大洲市立博物館蔵）
天守は明治維新後まで威容を誇っていたが、明治 21 年（1888）頃に取り壊しが始まったと伝わる。この写真が残されていたことは、平成 16 年（2004）に完成した大洲城天守の復元への貴重な史料になっている。

●所在地／愛媛県大洲市大洲
●交　通／ＪＲ予讃線伊予大洲駅下車。徒歩 20 分

大洲城天守遠望（撮影／加藤理文）
高欄櫓と台所櫓が現存していた大洲城の本丸では、天守は取り壊されたままであった。そこで史料を元に天守の復元を平成時代に入って検討し、ついに往時のままに木材で築かれた四重四階の天守（右側の建物）が蘇った。右ページの古写真と同じ光景が、現在の大洲城に広がる。

高知城

築城年／慶長六年（一六〇一）
築城主／山内一豊
主要人物／長宗我部元親・山内一豊・山内豊敷・山内容堂・後藤象二郎・坂本龍馬

山内家代々四百年の歴史を誇る城

遠江掛川より土佐二十万石の太守となった山内一豊が浦戸城に入城。慶長六年（一六〇一）より大高坂山にて築城に取りかかる。本丸が整備された慶長八年に一豊は高知城に移るが、三の丸までのすべてが整うのは、さらに十年ほどの月日が必要であった。山内氏は以後十六代続き、土佐にて維新を迎えた。

本丸には天守を築いていたが、城下町の大火により焼失。すぐさま再建に着手し、最上階に高欄をもつ典型的な望楼型の天守として、宝暦三年（一七五三）に完成した。この天守は現在もその姿を残す。城跡は高知公園として開放されており、本丸には本丸御殿、納戸蔵、廊下門、黒鉄門などが残されている。また城の大手にある追手門も現存している。

高知城追手門（高知城管理事務所提供）
櫓門形式の堂々たる追手門は大手桝形に築かれており、門へ向かうためにここで右手に曲がる。門には石落しが設けられている。比較的大きな石で築かれてた石垣には、「エ」や「ウ」などの刻印が見られる。

高知城空撮（撮影／中田真澄）
東側の上空から見た高知城。山の高所の左側に現存する天守が見えるが、このあたりが本丸である。天守の左側には本丸御殿も残されている。その右側が二の丸にあたり、本丸と二の丸は詰門で結ばれている。

●所在地／高知県高知市丸ノ内
●交　通／ＪＲ土讃線高知駅下車。徒歩 20 分

高知城本丸高石垣と天守（撮影／竹重満憲）
三の丸から天守を見上げる。天守の外観は四重だが、内部は三層六階となっている。最上階には高欄が施され、唐破風や入母屋破風などが四面に配置された望楼型天守は、見た目にも美しく風格が漂う。

高知城本丸御殿と天守（撮影／竹重満憲）
天守右側の本丸御殿は寛延２年（1749）に再建されたもの。本丸御殿が現存するのは高知城のみで、内部には玄関、書院などが設けられている。

九州・沖縄の城

熊本城

小倉城天守（撮影／松井久）
天保８年（1837）に焼失した小倉城の天守は、破風のない層塔型で、四階よりも五階のほうが広い構造であったと伝えられる。その後天守は再建されることはなかったが、昭和 34 年（1959）に破風を付けた形で復興された。

小倉城

築城年／慶長七年（一六〇二）
築城主／細川忠興
主要人物／細川忠興・小笠原忠真・高杉晋作

細川忠興自慢の南蛮造りの天守が聳える

関ヶ原の戦いの功で豊前の中津に居城していた細川忠興は、領国支配に適した小倉へと本拠を移し、慶長七年（一六〇二）に築城を開始。北側の海と西側の川を防御に利用するべく、城地は紫川河口の丘陵地に定めた。完成までに七年を費やしたが、本丸には層塔型の天守を築いている。この天守はほかの城とは異なり、最上階の壁が下の階よりも張り出している南蛮造りという構造であった。

その後、細川氏に代わって小笠原忠真が入封。以後幕末まで小笠原氏が九代続いた。この間、失火により天守が焼失し、以後再建されなかった。城跡に現在の天守が復興されたのは、昭和三十四年（一九五九）のこと。城内の石垣もよく残されており、内堀も現存する。

明治末期の小倉城二の丸（個人蔵）
小倉城は、響灘に注ぐ紫川の河口を城地として築かれていたため、水堀が幾重にも張り巡らされていた。そのために海城の様相を示していたともいう。自然地形を利用した縄張による防御は堅固であった。

●所在地／福岡県北九州市小倉北区城内
●交　通／ＪＲ鹿児島本線西小倉駅下車。徒歩５分

福岡城南の丸多門櫓（撮影／竹重満憲）
福岡城に残る遺構は数少ないが、長さ三十間にもおよぶ平櫓である多門櫓は現存の建物である。ただし、多聞櫓に連なって隅に建つ、手前の二階建ての建物は昭和 50 年（1975）に復元された北隅櫓。どちらにも石落しが備わる。

福岡城

築城年／慶長十二年（一六〇七）
築城主／黒田長政
主要人物／黒田如水・黒田長政

福岡に鶴が羽ばたくが如くの大城郭

関ヶ原の戦いの功により筑前を与えられた黒田長政は、父如水と共に博多湾に望む台地に新城建設を画策。慶長六年（一六〇一）から六年の歳月を費やし、ようやくの完成をみた。総面積二四万平方メートルにも及ぶ大城郭は、鶴が羽ばたく姿に見え、舞鶴城とも呼ばれる。ただ、本丸には天守台があるものの、天守が築かれた記録は残されていない。

城跡は舞鶴公園として整備されており、市民の憩いの場。現在も天守台のほか、多門櫓や祈念櫓、伝潮見櫓などが現存している。公園の一画にある「福岡城むかし探訪館」に入ると、かつての福岡城を再現したバーチャルムービーが流されているほか、福岡城の再現模型や古地図の展示により福岡城を体感可能。

明治初期の福岡城二の丸北隅櫓と続多門櫓
（福岡市教育委員会蔵）
福岡城には天守台のみで天守は建てられなかったと伝わるが、城内の建物は維新後も残されていた。そのため、古写真を見ると現役の城郭のように見える。しかし、次第に焼失や移築、取り壊しなどで建物は姿を消した。

●所在地／福岡県福岡市中央区城内
●交　通／ＪＲ鹿児島本線博多駅より地下鉄で大濠公園下車。徒歩５分

佐賀城

築城年／慶長年間（一五九六～一六一五）
築城主／鍋島直茂
主要人物／龍造寺隆信・鍋島直茂・江藤新平

鍋島氏代々の城は堀と土塁で防御を固める

慶長七年（一六〇二）、龍造寺氏の実権を掌握した重臣鍋島直茂が、龍造寺政家の築いた村中城の改修を開始。新たに、広大な内堀をもつ佐賀城として慶長十六年に完成すると、次の藩主である勝茂が、本丸へと入城した。本丸には天守も築いたが、のちに火災により焼失。天守台だけは現在も残る。城内は土塁が多用され、石垣を築いたのは天守台と本丸の一部だけとされる。

本丸には御殿が建てられていたが、現在城跡には、絵図や古写真、発掘調査などを基に、天保期の御殿の一部が忠実に復元された。内部は佐賀城本丸歴史館として、佐賀城の資料を展示する。また、本丸の鯱の門と鯱の門続櫓が現存している。

佐賀城空撮（撮影／中田真澄）
大きな堀に四角く囲まれたところが佐賀城の城地。南西の上空から見ると特に丘などもなく、平城であることがわかる。本丸は南東の隅に設けられていた。

佐賀城本丸鯱の門（佐賀県観光連盟提供）
天守台や堀が残る佐賀城で、現存する唯一の建物である鯱の門と鯱の門続櫓。天保９年（1838）に再建されたものであるが、佐賀城の歴史を知るうえで貴重。

●所在地／佐賀県佐賀市城内
●交　通／ＪＲ長崎本線佐賀駅よりバスで博物館前下車。徒歩３分

名護屋城

築城年／天正十九年（一五九一）
築城主／豊臣秀吉
主要人物／豊臣秀吉・加藤清正・黒田如水

朝鮮出兵の野望への豊臣秀吉拠点の城

天下統一を終えた豊臣秀吉の目標は、大陸を手中にするための朝鮮への出兵であった。秀吉はその拠点とするために、肥前名護屋の地に城を築くことを指示。加藤清正・黒田如水・小西行長を中心に、天正十九年（一五九一）より築城が開始されるとともに、全国の百三十以上の諸将が集結して陣屋を構築したという。現存する建物はないが、『肥前名護屋城図屏風』から全貌を知ることができる。

現在、城跡は国の特別史跡に指定されており、発掘調査や整備が進んでいる。瓦や食器類も出土し、安土桃山時代の文化を知るうえで貴重。隣接する佐賀県立名護屋城博物館では、名護屋城の再現CGを見ながら城跡を歩ける「バーチャル名護屋城」を体験できる。

名護屋城空撮（佐賀県立名護屋城博物館蔵）
名護屋城は、当時の大坂城に次ぐ広さであったと伝わる。上空からでなければ、全域を把握できない。

名護屋城大手道と東出丸（撮影／加藤理文）
本丸には天守や櫓、周囲には諸大名の陣屋が各所に築かれて壮観を誇っていたが、現存する建物はない。残された石垣だけが当時の繁栄を物語る。

●所在地／佐賀県唐津市鎮西町大字名護屋
●交　通／ＪＲ唐津線唐津駅よりバスで名護屋城址下車

唐津城遠望（撮影／加藤理文）
唐津城は満島全体に縄張されていたため、山のすべてが堅固な要塞であった。山の高所に本丸、そして天守台を置き、山麓の二の丸には御殿を築いていたという。当時の石垣が現在も残されている。

唐津城天守（撮影／石田多加幸）
唐津城に天守が建てられていたという確かな記録は残されていない。そこで、山頂に建てられているのは、昭和41年（1966）に完成した模擬天守である。

唐津城

築城年／慶長七年（一六〇二）
築城主／寺沢広高
主要人物／寺沢広高

城下が一望できる満島を利用した平山城

唐津湾に突き出た満島を利用して築城したのは、豊臣秀吉の家臣であった寺沢広高。慶長十三年（一六〇八）に完成している。築城に際しては、秀吉が朝鮮出兵への拠点とした名護屋城を解体し、再利用したと伝わる。満島の山上には本丸を置き、山麓に二の丸、三の丸を配した。本丸には天守台が築かれたが、天守が建てられた記録はない。ここには昭和四十一年（一九六六）に模擬天守が建てられており、上層階からは唐津の街を見渡せる。

寺沢氏以後の城主は、大久保、大給松平、土井、水野、小笠原氏と替わり、維新を迎えた。現在の城跡は舞鶴公園として整備されているほか、三の丸の東南隅にあった辰巳櫓、唐津市役所前には肥後堀が復元されている。

●所在地／佐賀県唐津市東城内
●交　通／ＪＲ唐津線唐津駅下車。徒歩 15 分

平戸城天守遠望（撮影／石田多加幸）
軍学者の山鹿素行による山鹿流の築城と伝わるが、技法がどのように反映されているかは不明。
海に面した亀岡山全山が利用され、最高所に本丸を置く縄張であった。

平戸城

築城年／慶長四年（一五九九）
築城主／松浦鎮信
主要人物／松浦鎮信・松浦重信・山鹿素行

平戸を守護した松浦氏自慢の堅城

当初、松浦氏は慶長四年（一五九九）に亀岡山に日之岳城を築いて居城していたが、城を焼却。これは、徳川家康に恭順の意を示すためとも伝わる。その後は御館を建てて居所としていたが、幕府の許可を得て日之岳城跡に新たな築城を開始し、宝永四年（一七〇七）の完成後に居を移した。新城は山上部に本丸・二の丸を配したが、本丸に天守は建てられていない。縄張には山鹿流が施されたというが、詳細は不明。以後松浦氏は代々平戸を治め、改易されることなく維新まで続いた。

城跡には狸櫓と北虎口門が現存する。また本丸には昭和三十七年（一九六二）に模擬天守が建てられ、見奏櫓、乾櫓、地蔵坂櫓、懐柔櫓も復興されている。

平戸城天守（撮影／加藤理文）
本丸には天守は建てられなかったというが、昭和 37 年（1962）になって、二重櫓跡に模擬天守が建造されている。
建物内では平戸の歴史に因む品々を展示。

●所在地／長崎県平戸市岩の上町
●交　通／松浦鉄道西九州線たびら平戸口駅下車。徒歩 25 分

島原城

築城年／寛永二年（一六二五）
築城主／松倉重政
主要人物／松倉重政・松倉勝家・天草四郎

雲仙岳の麓にそびえる五重の天守

雲仙岳の麓の森岳に、松倉重政が寛永二年（一六二五）に築き上げた城郭。本丸、二の丸、三の丸が直線的に並び、水堀で囲まれた本丸、二の丸は、廊下橋で結ばれていた。本丸には白い五重の天守がそびえるとともに、四九もの櫓があったとされる。城はその後、島原の乱の討伐軍の拠点ともなり、乱の責任をとって松倉氏は断絶。城主がたびたび代わって城は維新まで存続する。

現在は当時の石垣と堀が残るのみで、現存する建物はない。そこで昭和三十五年（一九六〇）に本丸西の櫓を復興、さらに昭和三十九年には天守を外観復元した。本丸巽櫓と本丸丑寅櫓も復興されている。天守の内部では、キリシタンや郷土の史料の見学が可能。

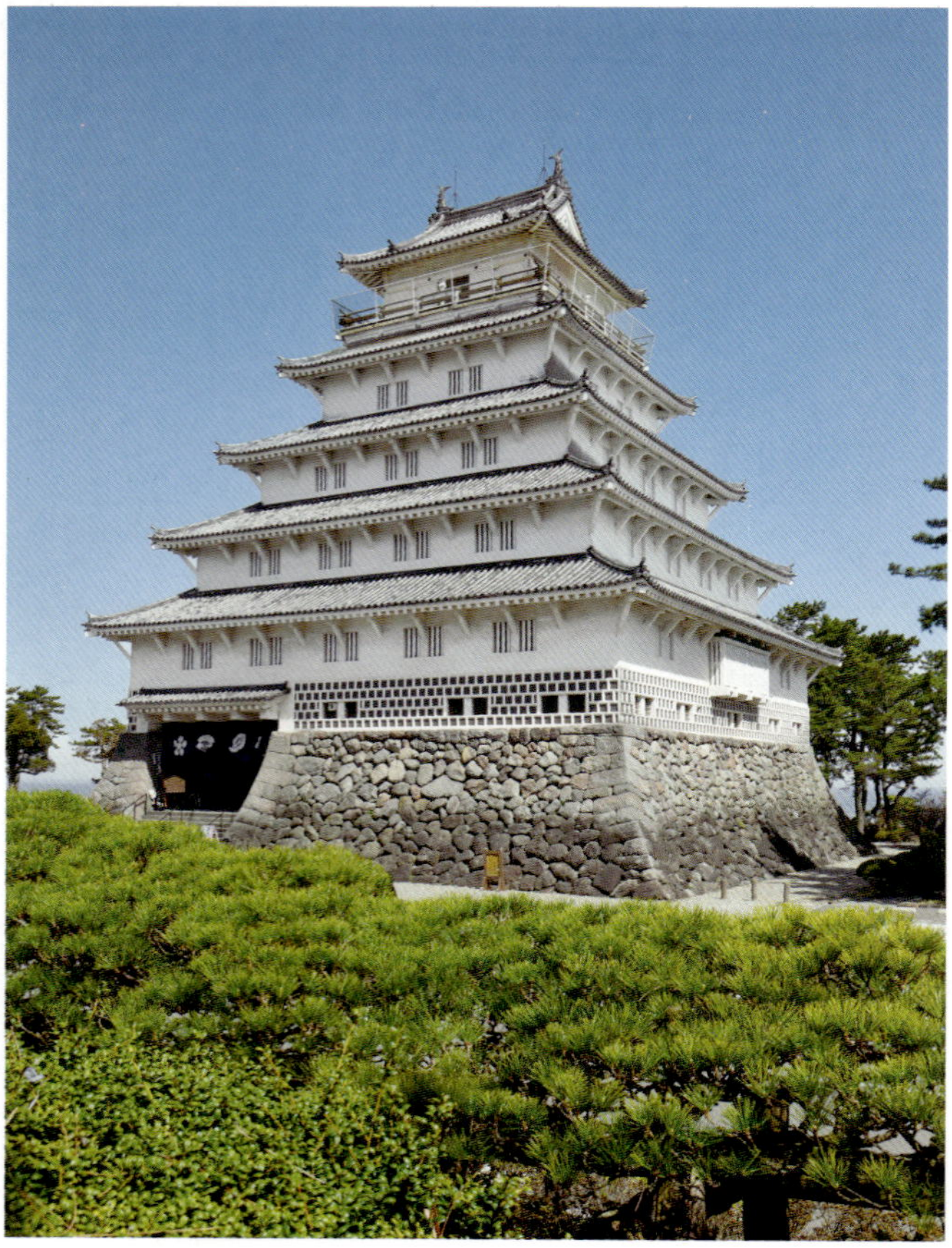

島原城天守（撮影／竹重満憲）
本丸には寛永２年（1625）に完成した天守があったが、明治維新後に取り壊されてしまった。そこで昭和 39 年（1964）に、外観復元した天守が建てられた。内部は博物館として利用され、島原城の史料などが展示されている。最上階からは、往時のままに島原の街並が見下ろされる。

●所在地／長崎県島原市城内
●交　通／島原鉄道島原駅下車。徒歩５分

島原城本丸巽櫓と天守（撮影／竹重満憲）
本丸、二の丸、三の丸が直線的に並び、広大な城地を誇っていた島原城の本丸には、五重の天守をはじめとするいくつもの櫓がそびえていたというが現存する建物はない。写真は本丸を東方向から写したもので、手前には三重の巽櫓、奥には五重の天守が見える。いずれも外観復元の建物。しかし、見事に積み上げられた本丸と二の丸の石垣、そして堀は当時のままに残されている。

熊本城

築城家・加藤清正による天下に誇る名城

築城年／天正十九年（一五九一）
築城主／加藤清正
主要人物／佐々成政・加藤清正・細川忠利・西郷隆盛・谷干城

熊本城空撮（撮影／中田真澄）
平成28年(2016)4月の地震で大きな被害を受ける前の熊本城の全景。大天守、小天守がそびえ、本丸御殿の白っぽい屋根が輝いている。再びこの姿に戻ることを待ち望みたい。

●所在地／熊本県熊本市中央区本丸
●交　通／ＪＲ鹿児島本線熊本駅より市電で熊本城・市役所前下車。徒歩５分

加藤清正が熊本城の築城を開始したのは、天正十九年（一五九一）のことであった。工事は文禄・慶長の役による中断があったが、慶長十二年（一六〇七）には完成したと思われる。本丸に並ぶ大・小天守、御殿、そして各曲輪の三重・五重の櫓がいくつも立ち並ぶ様には目を見張り、清正流と呼ばれる、高く積み上げられた石垣は震えるほど美しかった。

加藤氏の以後、細川氏が続いて維新を迎えたが、明治十年（一八七七）の西南戦争で城は灰燼に帰す。それでも宇土櫓などは現存し、昭和期の大・小天守の外観復元、平成になっての本丸御殿の復元などで往時の姿が蘇りつつある熊本城だったが、平成二十八年の大地震で城跡は崩壊などの大きな被害を蒙った。

熊本城天守（撮影／中田真澄）
本丸にあった大・小２つの天守は、明治 10 年（1877）の西南戦争で惜しくも焼失。昭和 35 年（1960）になって外観復元されて蘇った。まさに熊本城のシンボルである。

熊本城宇土櫓（撮影／中田真澄）
大・小天守の西側の隅に位置する宇土櫓は、熊本城で現存する建物のひとつ。外観三重・内部五階の櫓は、見事に積み上げられた石垣の上に建ち、平成 28 年（2016）の地震の揺れにも耐えた。

熊本城飯田丸五階櫓（撮影／中田真澄）
本丸の南に位置する飯田丸五階櫓の高石垣は、明治維新後も残されていたが、平成 17 年（2005）に建物が復元された。が、平成 28 年の地震で大きな被害を受けている。

熊本城西出丸跡から望む天守
（撮影／中田真澄）
正面に見えるのは大天守。その左右にいくつもの高石垣が並ぶ。この石垣こそ、築城名人の加藤清正が築いたもので、清正公石垣とも呼ばれる。独特の石垣の反りが美しい。

人吉城

築城年／不明
築城主／相良氏
主要人物／相良義陽・相良頼房・西郷隆盛

人吉を鎌倉時代より治めた相良氏代々の城

人吉を拠点とした相良氏は、鎌倉時代より七百年もの間球磨郡を治める。その拠点となったのが人吉城で、文安五年（一四四八）より相良長続が居城としたことが記録に残る。豊臣秀吉の九州平定後も球磨郡を安堵された相良氏は、城を近世城郭へと改造すべく天正十七年（一五八九）より大改修を実施。球磨川を天然の堀とし、御本丸と二の丸をもつ石垣造りの城へと生まれ変わった。以後、江戸時代も外様大名として維新まで存続した。

人吉城公園となる城跡では現在、隅櫓、大手門脇多聞櫓と続塀が復元された。また平成十七年（二〇〇五）には人吉城歴史館が開館。相良氏の史料や、屋敷跡で発掘された石積みで囲われた井戸をもつ地下室を展示している。

明治期の人吉城（人吉市教育委員会提供）
明治２年（1869）の撮影。大手口付近を撮影したもの。左に見える胸川沿いの多聞櫓は大手門の脇にあった代物櫓で、胸川に架かる橋は大手橋であろう。

人吉城遠望（撮影／石田多加幸）
人吉城では、発掘調査や古写真などを元に復元計画が実施された。大手門脇の胸川沿いの代物櫓（右の建物）、球磨川沿いの隅櫓である漆櫓（左の建物）、さらに長塀（中央）が平成５年（1993）に復元されている。

●所在地／熊本県人吉市麓町
●交　通／ＪＲ肥薩線人吉駅下車。徒歩 15 分

岡城

築城年／文治元年（一一八五）
築城主／緒方惟栄
主要人物／志賀親次・中川秀成

まさに断崖絶壁上に築かれた堅固な山城

近世の岡城は、旧来の志賀氏の居城を中川秀成が大改修を行い、慶長元年（一五九六）に完成したことから始まる。標高三二五メートルの山上に築かれていることから断崖が多く、そこに高石垣を積んで堅固な防御をなす。本丸に、すばらしい眺望の三重四階の御三階櫓を建て、角櫓、金倉とともに多聞櫓で連結した。二の丸の先端部には月見櫓を設けたが、櫓の下は絶壁という、まさに山城であった。

現在、建物は残されず、壮大な石垣のみが存在する。しかし、その石垣群には訪れた者を圧倒するほどの迫力があり、城から見える周囲の連山の姿に息をのむ。竹田に居住した滝廉太郎が、岡城をイメージして作曲した曲が著名な「荒城の月」といわれる。

岡城二の丸高石垣（大分県庁提供）
高々と積み上げられた高石垣に目を見張る。

岡城高石垣遠望（大分県庁提供）
天然の要害ともいえる台地を幾重もの石垣で固め、本丸、二の丸、三の丸を築き上げていた岡城。残された堅固な石垣の間を、現在は散策できる。

●所在地／大分県竹田市竹田
●交　通／ＪＲ豊肥本線豊後竹田駅よりタクシーで５分

府内城

築城年／慶長四年（一五九九）
築城主／福原直高
主要人物／福原直高・竹中重隆

海と川を巧みに利用して近世城郭に変貌

長らく治めていた大友氏が去り、早川氏ののちの慶長二年（一五九七）、福原直高が入封し新城の築城を始める。本丸、二の丸、三の丸が完成するも福原氏は改易。その後に入った竹中重隆がさらなる城の修築および増築を続け、天守や櫓を築くとともに周囲に外堀を設け、石垣で防備を固めた。また船着場や城下町を整備している。

四重の天守が建てられていた天守台が残る城跡は、城址公園として市民に開放。現存する建物は宗門櫓と人質櫓のみだが、大手門、到着櫓、東の丸隅櫓、西の丸隅櫓などが復元されている。さらに山里丸（北の丸）と西の丸とを結ぶ渡り廊下である廊下橋も、古絵図を元に復元された。

大正期の府内城（大分市役所提供）
手前の二階建ての建物は到着櫓だが、窓にはガラス戸がはめられている。屋根に鐘楼が載っている中央の門は大手門。

府内城人質櫓と天守台（撮影／石田多加幸）
左の櫓が、宗門櫓とともに現存する人質櫓。ほかの建物は戦災で焼失してしまった。かつては右に見える天守台に、四重四階の天守がそびえていたという。

●所在地／大分県大分市荷揚町
●交　通／ＪＲ日豊本線大分駅よりバスで合同新聞前下車。徒歩２分

臼杵城

築城年／永禄五年（一五六二）
築城主／大友宗麟
主要人物／太田一吉・稲葉貞通

圧倒的な防御力を誇った大友宗麟の城塞

臼杵湾に浮かぶ丹生島に永禄五年（一五六二）から城を築いたのは、戦国時代に豊後を拠点としていた大友宗麟。島であるため守りが堅固で、まさに天然の要塞であった。天正十四年（一五八六）に島津氏勢に攻め込まれたが、「国崩し」と呼ばれる大砲を用いて撃退している。その後、城主は福原氏、太田氏、稲葉氏と交代し維新を迎えた。稲葉氏は、大手の位置を変えるなどの修築をしている。

現存する建物は本丸の卯寅口門脇櫓、二の丸の畳櫓の二棟だが、平成十三年（二〇〇一）に二の丸の大門櫓を復元している。城跡は臼杵公園として整備されているため、自由に散策が可能。臼杵城の歴史資料については、臼杵市歴史資料館に展示されている。

臼杵城大門櫓（撮影／石田多加幸）
平成13年（2001）に復元された二の丸の大門櫓。櫓は門の役割も果たしている。

二の丸の西側から見た臼杵城（撮影／加藤理文）
右の高い位置に見える櫓は現存する畳櫓。畳櫓から左へ塀が続く。中央に屋根だけが見えるのは、復元された二の丸の大門櫓。

●所在地／大分県臼杵市大字臼杵
●交　通／ＪＲ日豊本線臼杵駅下車。徒歩５分

中津城天守（撮影／松井久）
江戸時代に天守が築かれていた記録は定かではないが、昭和 39 年（1964）に建てられた模擬天守。内部は歴史資料館として公開されている。

中津城

築城年／天正十六年（一五八八）
築城主／黒田孝高、細川忠興
主要人物／黒田孝高・細川忠興・福沢諭吉

黒田氏の戦略を縄張に反映した堅城

豊臣秀吉が九州平定を終えると、家臣の黒田孝高には中津の地が与えられた。そこで孝高は、縄張に山国川の河口を巧みに取り入れた城の建設を開始する。黒田氏が転封したのちに入城した細川忠興は、まだ未完であった城に工事を加え、完成にまで至らせた。その後享保二年（一七一七）に、奥平昌成が新たな城主になると、代々奥平氏の居城として維新を迎えた。城は、海を背にした本丸の左右を二の丸と三の丸が囲み、さらにその南側に城下町が広がるという扇形をしていたため、扇城とも呼ばれる。本丸に天守が存在したか定かではないが、城跡には五重の模擬天守が建てられ、奥平家歴史資料館となっている。

中津城遠望（撮影／松井久）
山国川の河口に位置していることがわかる。

●所在地／大分県中津市二ノ丁
●交　通／ＪＲ日豊本線中津駅下車。徒歩 15 分

杵築城天守（撮影／松井久）
現在の杵築城跡は公園として開放されているが、山上には昭和 45 年（1970）に模擬天守が建造されて城らしい雰囲気が保たれている。

杵築城

築城年／明徳四年（一三九三）
築城主／木付頼直
主要人物／前田玄以・細川忠興

小さな城ながらも難攻不落を誇る

この地を治めた木付氏による城の創築は、室町時代初頭と伝わる。川と海に囲まれた小高い山上に城地を定めているため、城の守りは堅固であった。以後木付氏の居城となるが、木付氏は滅亡。その後、城主は何人も入れ替わり、最後は松平氏が入って幕末となった。城は、二度も戦いの舞台になっているが、いずれも落城しなかったことで、勝山城とも称される。なお、木付の地は、幕府の朱印状の誤記から杵築と記されるようになった。

現在は城跡に往時の建物は残されていないが、城山公園として開放されている。山上には模擬天守を建造。内部は資料館として活用され、最上階からは眼下に八坂川の流れを、遠くは別府湾を眺望することができる。

杵築城遠望（撮影／松井久）
杵築城が川と海に囲まれた地に築かれたことがよくわかる写真。中央の模擬天守が建つ位置が城跡で、高所からは別府湾が望まれる。

●所在地／大分県杵築市杵築城山
●交　通／ＪＲ日豊本線杵築駅よりバスで杵築城下車

延岡城

築城年／慶長六年（一六〇一）
築城主／高橋元種
主要人物／高橋元種・有馬康純

「千人殺し」の石垣で寄せ来る敵を殲滅

延岡は古くから土持氏が治めていたが、豊臣秀吉の九州統一後は高橋元種が入封。新たに築城を開始し、慶長八年（一六〇三）に近世城郭にふさわしい延岡城を完成させた。高橋氏のあとは城主が入れ替わり、最後は内藤氏が治めて幕末に至る。城の大きな特徴は、二の丸から本丸への敵の侵入を防ぐ目的で築かれた「千人殺し」の石垣。高さ二二メートルほどに積み上げられた石垣には圧倒されるが、この礎石をはずすと一気に石垣が崩れ、一度に千人を倒すことができたと伝わる。

城山公園となっている城跡では、「千人殺し」の石垣は現在も残されていて見学可能。平成五年（一九九三）には、二の丸への入口である登城門が復元されている。

延岡城二の丸高石垣（撮影／石田多加幸）
別名で「千人殺しの石垣」と呼ばれるだけに、二の丸の高石垣は雄大なもの。高さは22メートルほどある。石垣の周囲は城山公園として整備されている。

延岡城北大手門（撮影／加藤理文）
平成５年（1993）に復元された北大手門は、二の丸への入口となる重要な登城門。現在ではこの門をくぐり、城内を散策できる。

●所在地／宮崎県延岡市東本小路
●交　通／ＪＲ日豊本線延岡駅下車。徒歩20分

鹿児島城

築城にも示した薩摩隼人の矜持

築城年／慶長九年（一六〇四）
築城主／島津家久
主要人物／島津義弘・島津忠恒・島津久光・西郷隆盛

鶴丸城とも呼ばれる鹿児島城は、島津家久により慶長七年（一六〇二）から築城が始められた。完成後は幕末まで約二七〇年間、島津氏代々の居城となる。島津氏の「人をもって城と成す」の思想から、城には天守や多重の櫓は築かれず、中世以来の屋形造りの形式としている。しかし、本丸の大手門には、御楼門という二重の堂々とした門が建てられており、御兵具所の多聞櫓に続いていた。この御楼門を復元しようと、現在、市民の活動が続けられている。城は、明治期に焼失したため残された建物はないが、石垣、堀は見ることができる。本丸には鹿児島県歴史資料センター黎明館、二の丸には鹿児島県立図書館が建ち、往時の史料を所蔵している。

明治期の鹿児島城大手門（個人蔵）
本丸の東面を撮影したもので、中央の大きな櫓門は鹿児島城の大手門である御楼門。御楼門の右側の、一重二階の建物は兵具所多聞櫓。本丸の北東隅に位置した。背景の森は城山である。

鹿児島城大手門（撮影／加藤理文）
鹿児島城の別名である鶴丸城跡の碑の右側の橋を渡ったところが、かつて御楼門が建てられていた場所になる。復元されることが待ち遠しい。

●所在地／鹿児島県鹿児島市城山町
●交　通／ＪＲ鹿児島本線鹿児島中央駅より市電で市役所前下車。徒歩２分

首里城

築城年／不明
築城主／不明
主要人物／尚巴志・尚泰

琉球王国の象徴は赤く彩色された正殿

首里城が築かれたのは一四二九年、琉球を統一した尚巴志によると伝わる。以後、約四五〇年にわたって琉球王国の王府として、代々の国王の居城となった。城には天守は設けられてはいないが、城の中心部の御庭の正面には琉球王国で最大の木造建築物であった正殿が、左右には南殿・番所、北殿が建てられていた。正殿を飾る装飾は壮麗であったが、首里城のすべては太平洋戦争で焼失してしまった。城跡は現在、首里城公園として整備され、琉球王国の面影を伝えている。正殿をはじめ御庭の周囲の建造物や、観会門や久慶門などの門も復元されて一般に公開。首里城跡を含めた沖縄のグスクが、平成十二年（二〇〇〇）に世界文化遺産に登録された。

首里城正殿（那覇市教育委員会蔵）
首里城の正殿は明治維新後も残され、大正時代に取り壊しの危機が訪れたものの、関係者の尽力により保存された。写真は昭和初期に撮影されたもので、特徴のある唐破風などがよくわかる。しかし、その後の太平洋戦争により灰燼に帰した。しかし、この写真が残されていたことで、正殿復元のための史料のひとつになり得ることができた。

●所在地／沖縄県那覇市首里当蔵町
●交　通／那覇空港よりゆいレール首里駅下車。徒歩 15 分

首里城正殿（国営沖縄記念公園事務所提供）
平成４年（1992）に、史料を基に往時のままに蘇った正殿。古写真ではわからなかった朱を基調とした鮮やかな彩色に、見る者の心が奪われる。

首里城空撮（国営沖縄記念公園事務所提供）
北側の上空から見た首里城の全景。写真中央の赤い広場が御庭（ウナー）と呼ばれる場所で、その左側に正殿が建つ。

首里城守礼門（国営沖縄記念公園事務所提供）
正殿の復元よりも早く、昭和三十三年（一九五八）に復元された門。門の扁額には「守礼之邦」と書かれている。首里城への入口付近に位置する。

首里城漏刻門（国営沖縄記念公園事務所提供）
瑞泉門よりもひとつ正殿寄りの門で、櫓の中に水時計が置かれて時計の役割を果していた。

首里城の見どころ

琉球王国の府である首里城が蘇ったのは平成４年(1992)のことであった。中心となる御庭、それを取り囲む正殿、南殿、番所、北殿、奉神門、さらにはいくつもの門が復元・整備された。石灰岩の城壁に囲まれた城内を歩き、朱に塗られた建物を目にすると、琉球独自の文化を感じ取ることができるだろう。

首里城瑞泉門
（国営沖縄記念公園事務所提供）
正殿へと向かう最初の正門である歓会門の次にくぐる門で、平成４年（1992）に復元。めでたい泉の意をもつ門の名称は、門の手前にある湧水にちなんで付けられた。

今帰仁城

美しいラインの石垣を今に残す世界文化遺産

築城年／不明
築城主／不明
主要人物／尚寧・西来院菊隠

沖縄の北部に位置し、山北王の居城であった今帰仁城の創築年や築城者ははっきりとはしない。記録には、一四一六年に沖縄の中部地域を支配していた中山王の尚巴志によって攻め滅ぼされたと記される。城は屏風のような曲線を描く石垣で囲われ、その構造は複雑である。城の正門にあたる平郎門から城内に入り登っていくと、大庭と呼ばれる広場に到達する。ここにはかつて南殿や北殿があったとされる。大庭より一段高い位置には祭祀の場とされた主郭、女官部屋が置かれた御内原を配する。主郭ではこれまで多くの礎石が発掘されており、建物があったことが推定される。また、建物は現存しないが、石積みで堅固に造られた平郎門は復元されている。

今帰仁城城門（撮影／石田多加幸）
城内の門は石積みであるのが特徴。門も城壁も石垣で造られた堅固な守りであった。

今帰仁城石垣（撮影／加藤理文）
城の周囲に築かれた石垣は直線的ではなく、波打つような曲線を描いている。これは突出した部分をつくることで、攻め込む外敵を攻撃することを可能にしたもの。古期石灰岩を積み上げた石垣は、まさに堅牢である。

●所在地／沖縄県国頭郡今帰仁村
●交　通／本部循環線バス今帰仁城跡入口下車。徒歩 15 分

◆監修

五味文彦（ごみ・ふみひこ）

1946年生まれ。東京大学文学部教授、放送大学教授を経て、現在は東京大学名誉教授。『中世のことばと絵』(中公新書）でサントリー学芸賞を、『書物の中世史』（みすず書房）で角川源義賞を受賞するなど、常に日本中世史研究をリードしてきた。近年の著作に『文学で読む日本の歴史』古典文学篇•『文学で読む日本の歴史』中世社会篇（山川出版社）、四部作となる『後白河院－王の歌』（山川出版社）、『西行と清盛－時代を拓いた二人』（新潮社）、『後鳥羽上皇－新古今集はなにを語るか』（角川書店）、『鴨長明伝』（山川出版社）のほか、『日本の中世を歩く－道跡を訪ね、史料を読む』（岩波書店）、『躍動する中世』（小学館）、『『枕草子』の歴史学』（朝日新聞出版）、『人物史の手法 歴史の見え方が変わる』（左右社）など多数。共編に『現代語訳吾妻鏡』（吉川弘文館）など。

◆執筆

加藤理文（かとう・まさふみ）

1958年生まれ。静岡県浜松市出身。駒澤大学文学部歴史学科卒業、博士（文学）。公益財団法人日本城郭協会理事、学術委員会副委員長／織豊期城郭研究会。静岡県教育委員会文化課を経て、現在袋井市立浅羽中学校教諭。主要な著書に『江戸城を極める』（サンライズ出版）、『織豊権力と城郭』（高志書院）、『カメラが撮らえた　古写真で見る日本の名城』（共著）（中経出版）。

菅井靖雄（すがい・やすお）

1941年生まれ。日本大学法学部卒業。東京都新宿区職員として区史編纂担当、新宿文化振興会管理課長、新宿歴史博物館学芸係長、同中央図書館奉仕係長など歴任。主な著書『城の見方ハンドブック』『こんなに面白い江戸の旅』『広重の三都めぐり』。共著『週刊名城を往く』『中山道の歩き方』『江戸史跡辞典』『週刊日本の城』『もっと知りたい日本一○○名城』新聞連載『新宿新聞・新宿あれこれ』。

野上徹（のがみ・とおる）

1960年、大阪府生まれ。歴史書編集者。中学生、高校生の折に見た熊本城にいたく感動し、社会人になり城郭の書籍編集者として再会したことでいっそう熊本城を愛する。さらには全国の城郭にも興味が移り、城郭ファンとなる。先般の大地震で熊本城の多くの建物、石垣が崩壊したことは、心が痛むばかりである。熊本城の復興を願いたい。主な著書に共著『精選 日本の城』。

◆おもな写真

松井久（まつい・ひさし）

1939年、横浜生まれ。東京写真短期大学卒業。1985年、松井写真事務所設立。博物館協会、日活、テレビ朝日、東芝、フジパン等と専属契約。主な著作物として、『東京オリンピック』（光文社）、『日本の城』（小学館）、『写真紀行・日本の城』（集英社）他多数。

竹重満憲（たけしげ・みつのり）

1947年生まれ。山口県岩国市在住。日本写真家協会会員。上智大学経済学部卒業。中国地方・瀬戸内海を中心に風景・伝統芸能・古民家等を写す。主な著作物として、『日本の祭り』（講談社）、『毛利元就』（NHK出版）、『図説戦国の変わり兜』（学習研究社）、『古寺をゆく』（小学館）など多数。

中田真澄（なかた・ますみ）

1950年、静岡県生まれ。千代田写真専門学校修了。短編映画会社を経て、写真を始める。主な写真提供書籍として『日本名城集成』（小学館）、『よみがえる日本の城』シリーズ（学習研究社）、『空から見る現存天守12城』（洋泉社）、『空から見た日本の名城』（新人物往来社）、『日本の城』（山川出版社）その他多数。

石田多加幸（いしだ・たかゆき）

1934年、香川県生まれ。写真家加治屋翠峯氏に師事。太陽カメラスタジオ経営。著作物に『石田三成写真集』、『写真で見る豊臣秀吉の生涯』ほか多数。写真展「豊太閤写真展」（大阪城天守閣）、「全国城郭協議会加盟城写真展」・関ヶ原合戦400年祭協賛「関ヶ原合戦古戦場写真展」（大阪松坂屋百貨店）他多数。

写真・取材協力

姫路市役所　山梨県埋蔵文化財センター　朝来市役所　津山弥生の里文化財センター　福井県庁　渡島総合振興局　函館市中央図書館　松前町郷土資料館　弘前市役所　弘前市教育委員会　清養院　盛岡市教育委員会　秋田市立佐竹史料館　仙台市教育委員会　仙台市博物館　鶴岡市立図書館　鶴岡市役所　上山城郷土資料館　二本松市教育委員会　会津若松市役所　白河市歴史民俗資料館　土浦市立博物館　千葉県立中央博物館大多喜城分室　行田市郷土博物館　小田原城天守閣　新発田市教育委員会　富山県立図書館　金沢市役所　長崎大学附属図書館　福井県観光連盟　坂井市教育委員会　福井県庁　福井市立郷土博物館　宮内庁書陵部　深志高校同窓会　松本城管理事務所　恵那市教育委員会　岐阜市役所　大垣市立図書館　静岡市役所　浜松市立中央図書館　三島市教育委員会　岡崎市教育委員会　亀山市歴史博物館　松阪市教育委員会　滋賀県教育委員会　甲賀市水口町立歴史民俗資料館　長浜城歴史博物館　近江八幡市教育委員会　元離宮二条城事務所　岸和田市史編纂室　文化財建造物保存技術協会　兵庫県立歴史博物館　安来市教育委員会　松江市役所　安芸高田市歴史民俗資料館　津和野町役場　山口県文書館　萩博物館　徳島市史編纂所　今治城　宇和島市教育委員会　大洲市立博物館　高知城管理事務所　福岡市教育委員会　佐賀県観光連盟　佐賀県立名護屋城博物館　人吉市教育委員会　大分県庁　大分市役所　那覇市教育委員会　国営沖縄記念公園事務所　加藤理文　中井均　深井正昭　岩淵四季　関七郎　福井健二　樋口清砂　小畠軍治　園尾裕　小沢健志　來本雅之

編集協力／有限会社リゲル社　道倉健二郎　古藤祐介　白井貴雄　美濃部苑子
装　　幀／有限会社グラフ

日本《にほん》の名城《めいじょう》

2016年10月20日　第1版第1刷印刷　　2016年10月31日　第1版第1刷発行

監　修　五味文彦《ごみふみひこ》
発行者　野澤伸平
発行所　株式会社 山川出版社
〒101-0047　東京都千代田区内神田 1-13-13
電話　03(3293)8131(営業)　03(3293)1802(編集)
http://www.yamakawa.co.jp/
振替　00120-9-43993
企画・編集　山川図書出版株式会社
印刷・製本所　岡村印刷工業株式会社

　ISBN 978-4-634-15101-7